굿바이 6시그마

굿바이 6시그마

Good 아이디어에서 TRIZ Big 아이디어로

데이비드 실버스타인 외 지음 ● 김영한 옮김

INNOVATION
EVOLUTION

for book MBA

굿바이 6시그마

초판 1쇄 인쇄 2008년 3월 15일
초판 1쇄 발행 2008년 3월 20일

지은이 | 데이비드 실버스타인 외
옮긴이 | 김영한
펴낸이 | 계명훈
마케팅 | 함송이
펴낸곳 | for book

디자인 | 김낙현
교정교열 | 바른기획
인쇄 | 미래프린팅
출력 | 타임출력

주소 | 서울시 마포구 공덕동 105-219 정화빌딩 3층
판매문의 | 02-753-2700(에디터)
등록 | 2005년 8월 5일 제2-4209호

값 13,000원
ISBN 978-89-960063-6-7 03320

c o n t e n t s

추천의글 : 6시그마는 개선이고, 트리즈는 혁신이다 ··· 8
프롤로그 : 혁신 기법도 진화한다 ··· 13

1부 _ 혁신은 타성을 깨뜨리는 것

1. 혁신과의 싸움에서 승리하라 ··· 24
2. 비즈니스는 진화하고 있다 ··· 39
3. 혁신기법도 진화한다 ··· 52
4. 창의적 문제 해결 기법으로서의 트리즈 ··· 60
[핵심정리] 지속적인 혁신을 방해하는 것 ··· 68
[창의적 혁신을 위한 행동원칙] ··· 69

2부 _ 창조적으로 혁신하기

5. 트리즈를 이용하는 기업들 ··· 72
6. 심리적 타성이 혁신의 가장 큰 적이다 ··· 84

7. 전술적 트리즈의 방법론 : 트리즈를 창안한 러시아 인 · · · 97

8. 완벽함에서 벗어나 이상적인 해결책을 찾아라 · · · 104

9. 모든 자원을 이용하라 · · · 109

10. 모델을 만들어라, 그러면 나머지는 해결된다 · · · 114

11. 상상력으로 새로운 생각을 키워라 · · · 118

12. 혁신이란 남이 풀지 못하는 문제를 푸는 것이다 · · · 124

13. 통합된 혁신 기법의 힘 · · · 136

14. 트리즈가 히트 상품을 만든 사례 · · · 140

[핵심정리] 불확실한 모순의 분석 · · · 156

[창의적 혁신을 위한 행동 원칙] · · · 157

3부_혁신의 로드맵 만들기

15. 진화는 거부할 수 없다 · · · 160

16. 성숙도의 지도를 그려보라 · · · 169

17. 여덟 가지의 진화 패턴 · · · 177

18. 6시그마의 진화 과정 · · · 188

TRIZ

[핵심정리] 혁신 로드맵 만들기 ··· 196
[창의적 혁신을 위한 행동 원칙] ··· 197

4부_ 탁월한 기업으로 진화하기

19. 개선만으로도 충분했었다 ··· 200
20. 비즈니스의 통합적 우수성 ··· 208
21. 열린 아이디어를 만드는 공리적 설계 ··· 217
22. 혁신 리더십 ··· 227
[핵심 정리] 뛰어난 성과의 달성 ··· 236
[창의적 혁신을 위한 행동 원칙] ··· 237
[옮긴이의 글] 6시그마는 혁신이 아니다 ··· 238

6시그마는 개선이고, 트리즈는 혁신이다

비즈니스와 기업 경영에서 획기적인 혁신을 이끌어 낼 수 있는 기회는 쉽게 찾아오지 않는다. 하지만 혁신의 프로세스가 빠르게 진화하고 있는 오늘날, 우리는 혁신을 이루어낼 수 있는 기회를 맞이하고 있다. 그리고 변화와 혁신 프로세스의 진화에 활기를 불어넣는 핵심 수단 중의 하나가 바로 '트리즈TRIZ' 이다.

트리즈는 6시그마와 같은 방법론으로, 비즈니스와 경영에서 필요로 하는 끊임없는 재창조와 지속적인 혁신의 욕구에 대응하면서 성장하고 발전한다. 따라서 성공적인 비즈니스와 경영을 위해서는 트리즈를 세계적인 수준의 혁신 프로세스로 발전시킬 필요가 있다.

오늘날 모든 사업 분야에서 기업들은 혁신에 대해 이야기한다. 그리고 많은 사람들이 다른 나라의 혁신 방식이 왜 우리나라보다 더 나은가에 대해서도 이야기한다. 나는 이제까지 구조화된 혁신과 '혁신 이론'에 관한 수많은 자료와 이야기를 접했지만, 아직까지도 구체적인 혁신 프로세스에 대해서는 듣지 못했다. 내가 지금까지 접했던 이야기 속에는 혁신을 위한 도요타 생산 방식이나 린Lean 생산 방식과 관련된 내용이 없었다. 또한 경영자와 관리자들이 혁신으로 나아갈 수 있는 실행 가능한 접근 방식이나 로드맵도 없었다.

비록 트리즈라는 혁신 프로세스의 존재가 널리 알려지고 나서 많은 사람들이 사용하고 있지만, 아직까지는 누구에게나 접근 가능한 일반적인 혁신 프로세스로 인식되고 있지 못하다. 그러나 나는 혁신의 위기에 처한 기업들의 입장에서 연구하던 중에 트리즈의 존재를 알게 되었다. 그리고 6시그마가 일반화되기 전에 볼 수 있었던 유사한 방법론이 트리즈

속에 포함되어 있다는 것도 알게 되었다. 또한 불확실성과 우려를 드러내지 않아야 한다는 비즈니스의 특성에서 볼 때, 트리즈의 방법론은 매우 효과적인 접근 방법이없다. 뿐만 아니라 나는 DMAIC 6시그마의 5단계 기본 원칙 ; 정의(Define), 측정(Measure), 분석(Analyze), 향상(Improve), 관리(Control)와 같은 이론도 트리즈 속에 포함되어 있다는 것을 알게 되었다.

아직까지도 많은 사람들이 트리즈를 전문적인 방법론으로 받아들인다. 이는 지금까지 출판된 트리즈 관련 서적들이 순수한 발명가 정신에 입각해서 저술되었기 때문이다. 덕분에 이 책 〈굿바이 6시그마〉가 출간될 때까지 모든 사람이 이해할 수 있는 수준에서 트리즈의 이용 방법과 활용 가치를 명확하게 제시한 책은 없었다.

나는 비즈니스 리더들이 이 책을 읽었으면 한다. 이 책에는 당신이 알아야 할 수많은 메시지가 담겨 있다. 처음에는 전문적인 것, 과학적인 것, 비밀스러운 것처럼 보이는 트리즈가 기업을 변화시키는 힘을 가지고 있다는 것이다. 또한 나는 모든 과학자와 엔지니어들이 이 책을 읽기를 바란다. 왜냐하면 이 책을 통해 일반적인 상황에서 더 쉽게 혁신 활동을 할 수 있기 때문이다.

6시그마의 본질과 핵심 역할이 상품의 질을 향상시키는 것에만 열중하는 것인 반면, 트리즈는 개선 활동에서 벗어나 비즈니스의 혁신을 가능하게 함으로써 기업을 변화시키는 것이다. 6시그마가 좁은 시각에만 국한되어 있는 것과 달리, 트리즈는 기업으로 하여금 계획하고 실행하는 모든 업무에 혁신을 가져올 수 있도록 하는 대담한 시각을 부여한다.

만약 당신이 현재의 기업을 머리끝부터 발끝까지 재창조

해야 하는 전략적인 시기라면, 트리즈의 방법론은 그러한 흐름을 매우 빠르게 촉진시킬 수 있다. 6시그마가 품질의 개선을 위해 사용되었던 것처럼, 트리즈는 비즈니스의 혁신으로 나아가는 변화를 가능하게 할 수 있다. 나는 이 책의 저자들과 함께 일하고, 이 책을 추천할 수 있다는 것에 대해 기쁘게 생각한다. 모든 경영자들이 이 책의 메시지를 받아들여서 혁신 활동에 활용해 주기를 바란다.

마이클 해리 Mikel Harry
6시그마의 창안자. SSMI(Six Sigma Management Institute)의 회장
〈Six Sigma〉, 〈The Six Sigma Field Book〉의 저자

혁신 기법도 진화한다

우리는 대부분의 비즈니스 리더들이 기업의 혁신을 추진하는 능력에 만족하지 못하고 있다는 것에 주목해서 이 책을 집필하게 되었다. 오늘날 기업에서는 끊임없이 연구개발에 막대한 자금을 쏟아 붓고 있지만, 기대했던 것만큼의 성과를 내지 못하고 있다. 사실 비즈니스에 있어서 혁신만큼이나 혼란스럽고 통제 불가능한 것도 없다. 하지만 그와 동시에 혁신은 사업 성공의 중심이자 핵심이기 때문에 어떠한 경우에도 중단할 수 없다.

우리는 이러한 현상을 이 책에서 '패러독스paradox, 모순'로 설명했다. 획기적인 혁신의 필요성을 강요하면서도 정작 혁신을 실행하기 위한 방법에 대해서는 아는 것이 거의 없다. 이러한 패러독스는 혁신을 책임지고 있는 대부분의 사람들이 자신들에게 돌아올 이익에 대해 너무나 잘 알고 있기 때문에 발생한다. 즉 자신들의 모든 경험을 동원해서 질 좋은 상품을 정밀하게 빠른 속도로만 만들어 내기를 원하는 것이다.

창의적 문제 해결TRIZ, Theory of Inventive Problem Solving 이론인 트리즈는 당신의 기업이 최고의 역량을 발휘해서 새로운 아이디어를 만들어 내기 위한 필수 요건이다. 물론 트리즈 역시 6시그마와 같은 이론과 마찬가지로 현명한 사람들의 역할을 대신할 수는 없다. 하지만 트리즈는 그동안 최고의 인재들도 수행하지 못했던 목적을 달성할 수 있도록 해주는 구조화된 창의력 시스템이다. 트리즈를 수행하는 데는 기업의 직원 수가 몇 명인지 얼마나 똑똑한지는 상관이 없다.

비즈니스의 리더들, CEO들, 컨설턴트들, 그리고 과학자들은 공통적으로 더 중요하고, 더 믿을 수 있는 예측 가능한 혁신과 간단하고 효율적인 혁신을 필요로 하고 있다. 그들은 본질적으로 더 좋고, 더 빠른 혁신을 원하는 것이다. 이러한 요구에 부응하기 위한 해답에는 혁신적인 리더들을 선택하는 것에서부터 혁신 프로세스를 확립하는 것까지 포함된다. 어떤 사람들은 혁신 프로세스의 모든 요소, 즉 인재와 과정, 리더십, 창의력, 문화, 그리고 투자를 적재적소에 배정할 것을 요구했었다. 또 다른 이들은 전부가 아니더라도 대부분의 사람들이 따를 수 있는 혁신 원리와 방법이 포함된 다양한 프로그램을 제안했다. 우리는 혁신 전문가로서 우리만의 혁신 원리와 방법을 가지고 있으며, 이 책에서 당신이 원하는 혁신의 원리와 방법을 찾게 될 것이다.

그러나 이 책에서 당신이 얻게 될 대부분의 내용은 혁신을 좀 더 다루기 쉽고 통제하기 쉬우며, 적합하게 만들 수 있는 방법론이다. 누구나 혁신에 비용을 들이는 만큼, 혁신을 통해서 그 이상의 수익이 발생하기를 원할 것이다. 그리고 혁신에 투자하는 비용에 대한 안전장치는 물론 투입 비용을 최대한 활용하기를 원할 것이다. 그러한 목적을 실현하기 위한 가장 좋은 방법은 혁신을 언제든지 이용할 수 있는 시스템으로 만드는 것이다. 이 책에서는 소위 '방법론' 이라고 불리는 대부분의 것들이 발명가들의 머리에서 나오는 것이 아니라, 브레인스토밍 과정을 통해서 나오게 되는지에 대해서 논의할 것이다.

그리고 이것이 바로 오늘날 대부분의 방법론이 실패하는 이유다. 오늘날의 방법론은 모두 심리적 타성과 분산된 생각에 기초하고 있기 때문이다. 트리즈의 방법론은 모든 혁신 대상에 적용할 수 있는 해결책과 주어진 제약 요건을 풀어 나갈 수 있도록 한다. 이러한 해결책을 발견하는 방법은 해결책을 찾는 것에만 신속하고 정확하게 집중하는 것이다. 이를 위해서는 누구나 배우고 이해할 수 있는 일반적인 방식을 이용해야 한다. 왜 당신은 그러한 방식으로 가는 최선의 방법을 훈련시키지 않는가? 그리고 왜 그것을 다른 사람들에게 가르칠 수 있는 전문가를 양성하지 않는가?

바로 이것이 이 책의 주제다. 기업의 혁신 가치를 향상시키는 방법은 외부의 도움을 받지 않고 당신 스스로 혁신을 실행하는 것이다. 물론 최상의 조건에서 외부의 도움을 받아 기업을 혁신함으로써 잠재적 이익을 얻을 수는 있다. 하지만 장기적인 관점에서는 발전 가능성이 있다고 볼 수 없다. 당신은 가능한 한 많은 이들이 제품의 품질 개선 기술과 마찬가지로 혁신이라는 기술을 마스터하기를 바랄 것이다.

우리가 보수주의자가 아닌 이상, 이것은 전혀 새로운 생각

이 아니다. 이에 대해 혁신 전문가인 게리 하멜Gary Hamel은
이렇게 말했다. "모든 사람들이 배울 수 있고, 실행할 수 있
는 혁신을 이끌어 내는 수단과 프로세스, 그리고 시스템이
있다." 하멜은 '모든 직원들의 상상력을 활성화하고 동원'할
것을 요구해 왔다. 이것이 바로 도요타가 모든 직원들의 문
제 해결 능력에 투자함으로써 긍정적인 투자 대비 효과를 얻
은 방식이었다.

근본적으로 혁신은 똑똑한 몇 사람이 주도하고, 그 밖의
다른 사람들이 방해하는 그런 일이 아니다. 또한 그런 일이
있어서도 안 된다. 혁신은 기업의 모든 분야에서 훈련된 사
람들에 의해 지속적으로 진행되어야만 한다. 기업은 이렇게
축적된 추진력을 통해서 스스로의 타성을 부수고 지속적인
진화의 힘을 만들어 낼 수 있다.

구체적으로 이 책은 다음의 네 부분으로 구성되어 있다.

    1부에는 사업의 우수성에 관한 기본적인 틀과 경영 마인드의 실행에 대한 역사적인 관점, 구조화된 혁신을 실행하기 위한 이론적 설명이 담겨 있다. 그리고 트리즈가 현재의 보유 자원을 활용해서 끊임없는 혁신을 달성할 수 있도록 하는 세계적 수준의 방법론이라는 것을 보여주는 사례들을 제시한다.

    2부에서는 트리즈의 방법론DMASI과 핵심 구조, 기술, 그리고 구성 요소들에 초점을 맞춘 트리즈의 전술적인 측면을 다루었다. 또한 트리즈를 이용한 여러 가지 실행 사례들을 설명한다. 여기에는 혁신적인 자가 발열 음료 용기를 만드는 데 트리즈가 어떻게 이용되었는지에 대한 심층적인 분석도 포함되어 있다.

3부에서는 구조화된 혁신의 전술적인 측면에서 전략적인 측면으로 변화되는 과정을 설명한다. 이는 프로세스 전반의 혁신이 아닌 특정 단계의 혁신만으로는 진정한 혁신이 이루어질 수 없다는 것을 보여주는 것이다. 모든 기업은 그들이 원하는 모습의 기업이 되기 위해서 여덟 가지의 발전적 진화 패턴 중에서 한 가지 이상의 단계를 거쳐야 한다. 3부에서는 진화적인 힘의 실천 방법을 설명하고 사례를 소개한다.

4부에서는 구조화된 혁신이 어떻게 해서 '최상의 업무 프로세스'라는 커다란 시스템의 일부가 되는지에 대해 논의한다. 이는 사업 우수성의 다른 핵심 부분이 어떻게 구조화된 혁신을 가능하게 하며, 동시에 다른 핵심 부분이 어떻게 구조화된 혁신에 의해 가능하게 되는지를 보여준다. 4부는 이러한 핵심 부분을 살피고, 어떻게 연관되어 있는지를 보여준다.

이제는 혁신을 명확하게 정의하기 위해 혁신의 과정을 조명해 보아야 할 때다. 비즈니스 리더들은 혁신의 로드맵을 가져야 하고, 혁신에 관한 더 많은 통찰력을 지녀야 할 것이다. 이제는 구조화된 혁신을 통해 경쟁력을 키워야 하고, 감각에 의존해서 혁신을 이행하는 습관은 버려야 할 때이다.

1부

혁신은 타성을 깨뜨리는 것

왜 트리즈는 변화에 강력한 힘을 발휘하는가?

"혁신만이 지속적으로 부를 만들어 내는 전략이다."

게리 하멜 Gary Hamel

1. 혁신과의 싸움에서 승리하라

혁신 활동이란 시장을 선도하는 기업들이 미래를 준비하는 활동이며, 그러한 엘리트 기업들은 상업화를 통해 기업 자신과 고객의 삶의 질을 향상시킬 수 있는 새로운 아이디어에 생명을 불어 넣는다. 이것이 바로 혁신을 사업 성공의 가장 중요한 요소로 받아들이는 최고경영자나 관리자들이 비난을 받지 않는 이유다.

혁신의 가장 중요한 가치는 평범한 비즈니스와 탁월한 비즈니스의 차이를 만들어 낼 수 있다는 것이다. 우리는 '평범한 비즈니스'를 기업의 생존을 유지하거나 작은 이익을 만들어 낼 수 있는 보통 수준의 사업 활동이라고 정의한다. 반면에 '탁월한 비즈니스'는 한 기업이 혁신을 통해서 더 큰 성장과 이익을 만들어 내는 사업 활동을 의미한다.

성장을 거듭하는 엘리트 기업들은 성공적인 혁신을 이끌어 내기 위해서 수익의 일부를 투자한다. 마치 눈덩이가 불어나는 것처럼, 더 많은 혁신에 더 많은 수익을 투자할수록 시간이 흐름에 따라 변화와 혁신을 통해서 지속적인 수익을 얻을 수 있다.

경영학의 대부인 피터 드러커Peter Drucker는 이렇게 말했다. "혁신은 기업이 반드시 가져야 하는 유일한 경쟁력이다. 왜냐하면 품질 개선과 가격 인하는 기술력으로 극복할 수 있기 때문이다." 따라서 기업이 지녀야 할 가장 중요한 능력을 꼽으라면 그것은 바로 혁신이다. 피터 드러커는 자신의 책 〈미래 경영Managing for the Future〉에서 다음과 같은 말을 했다.

"모든 기존의 생산품과 생산 과정, 서비스는 그것이 단종되는 그날부터 쓰레기로 변하기 시작할 것이다. 그리고 기존의 생산품과 생산 과정, 서비스를 스스로 파괴시켜 나가는 것이 경쟁자와의 싸움에서 이기는 유일한 방법이다."[1]

창조적인 파괴 또는 계획적 진부화, 새로운 무언가를 만드
는 것 등 당신이 어떻게 부르든 상관없다. 그리고 경쟁자가
생산하는 제품이든 당신이 생산하는 제품이든 모든 비즈니
스는 언젠가는 시대에 뒤떨어지게 될 것이다. 이것에 동의하
지 않는 CEO는 없다. 왜냐하면 그들은 혁신적인 기업만이
더 큰 성장과 성공을 만끽하게 되리라는 것을 잘 알고 있기
때문이다.

그러나 혁신의 중요성에 대해 수없이 많은 이야기들이 언
급되고 있음에도 불구하고, 다음과 같은 호기심 어린 질문들
을 던지는 사람들이 있다. "혁신이 그렇게 중요하다면, 왜
사람들에게 혁신을 가르치는 일은 소홀히 하는가?" "혁신을
이끌어 내는 방법에 대해 알고 있는 사람들이 적은 이유는
무엇인가?" "혁신의 실행과 평가에 만족하는 사람의 수가 극
히 적은 이유는 무엇인가?"

2005년에 보스턴 컨설팅 그룹BCG에서는 글로벌 기업을
대상으로 혁신에 관해서 조사한 보고서⟨Innovation 2005⟩를 발표
한 적이 있다. 보고서에 따르면, 혁신을 주제로 한 조사에는

940명의 최고경영자가 참여했으며, 그들 중 74%가 혁신 활동에 더 많은 비용을 투입할 계획을 세웠다고 답변했다. 하지만 혁신에 대한 투자 대비 수익에 만족한 경영자들은 절반에도 미치지 못한 것으로 조사되었다.[2]

이 보고서가 의미하는 것은 다른 수많은 보고서들의 내용과 크게 다르지 않다. 혁신에 대한 투자를 통해 더 많은 수익을 이끌어 낼 수 있는 방안을 찾아라. 그리고 혁신적인 개발과 혁신적인 상업화의 시간 간격을 줄여라. 또한 직원들이 자유로운 환경에서 효과적으로 혁신적인 아이디어를 낼 수 있는 문화를 만들어라. 100%에 가까운 혁신을 시도하라. 하지만 무엇보다 중요한 것은 혁신의 과정과 결과를 평가하는 것이다.

이 책의 주제는 혁신에 관한 최근의 요구를 한곳, 즉 혁신을 성공적으로 실행하기 위한 모든 요소들을 하나로 모을 수 있는 세계적인 수준의 방법론으로 집중시키는 것이다. 우리는 바로 그 이론이 트리즈TRIZ라고 믿고 있으며, 이러한 관점에서 논의하고자 한다. 트리즈는 기업으로 하여금 모든 사업 영역에서 혁신적인 해결책을 만들어 낼 수 있도록 하며, 협

동적으로 생산에 집중할 수 있는 협력을 가능하게 하는 유일한 접근 방법이기 때문이다.

우리는 앞서 말한 것들이 옳다는 것을 증명하기 위해서 많은 시간을 이 책의 저술에 투입했다. 그리고 지금까지 혁신에 대한 많은 제안과 논문들, 성공 사례들이 다양한 형태로 존재한다는 것에 주목했다. 그리고 혁신 과정을 촉진시키는 것에 대한 다양한 접근 방법들이 있었다. 하지만 정확하고, 믿을 수 있으며, 지속적으로 이용 가능한 체계적인 혁신 과정을 전체적으로 고려한 접근 방법은 없었다.

비즈니스 리더들은 성과를 높이거나 문제 해결을 위한 시스템적인 방법들은 가지고 있지만, 혁신을 추진하거나 개선하기 위한 방법을 가지고 있지는 않다. 비즈니스 리더라면 혁신은 체계화가 아닌 창조 활동이라는 신념을 가지고 있어야 한다. 기업에서 품질 개선 활동은 계획한 대로 진행되는 것과 달리, 혁신 활동과 능력은 계획에 따라 발휘되지 않는 이유가 바로 여기에 있다.

도로 위를 빠르게 질주하며, 아름답고 매혹적인데다 경주용으로 설계된 스포츠카를 예로 들어 보자. 오랫동안 페라리

Ferrari와 람보르기니Lamborghini는 부자들만 살 수 있는 가장 빠르고 강력한 슈퍼카로 인식되었다. 그러나 어큐라Acura가 기존의 슈퍼카들과 똑같은 성능을 가진 NSX라는 스포츠카를 매우 낮은 가격에 출시하면서 상황이 달라졌다. 게다가 더 중요한 것은 어큐라가 이탈리아의 슈퍼카 제조 회사들과 비교해도 결코 뒤지지 않는 높은 신뢰성과 품질을 기반으로 만들어졌다는 것이다.[3]

당시 스포츠카 시장의 강자였던 페라리나 람보르기니는 어큐라가 슈퍼카의 새로운 기준으로 떠오를 때까지 시장을 독점하며 자신들의 수익을 만끽하고 있었다. 그러나 V12 엔진의 성능과 고급스러운 스타일은 더 이상 고객들을 만족시키지 못했다. 결국, 얼마 지나지 않아서 이탈리아의 스포츠카 회사들은 찬란했던 시기를 뒤로 하고, 최고의 차를 만들기 위해 10년 가까이 힘겨운 개선 과정을 거쳐 스스로를 개혁해야만 했다.

20년이 지난 현재의 상황은 더 흥미롭다. 〈USA 투데이〉에 따르면, 최근 어큐라는 배기가스로 인한 환경오염 문제와 안전상의 문제점들 때문에 NSX 모델의 생산을 중단했다. 더 주목할 만한 것은 어큐라와 다른 자동차 회사들이 NSX

모델보다 성능이 뛰어나면서도 더 저렴한 차를 생산해 낸다는 것이다. 결국 스포츠카 시장에서 혁명을 주도했던 NSX는 더 새롭고 진보된 혁신에 의해 혁명의 바깥으로 밀려나게 되었다. 이것이 바로 혁신의 전형적인 모습이다. 혁신은 또 다른 혁신에 의해 종결되고, 그 혁신이 또 다른 혁신에 의해 종식되는 방식으로 혁신의 흐름을 창조한다.

오늘날 혁신의 세계에는 신뢰할 수 있는 저가의 스포츠카 등장에 비유할 수 있는 흥미로운 현상이 있다. 최근 혁신을 주도하고 있는 리더들은 1960년대와 1970년대, 그리고 1980년대의 페라리나 람보르기니의 스포츠카와 비교할 수 있다. 그들은 베스트셀러와 명성에 걸맞은 최고의 전문성, 그리고 기업 고객들에 대한 서비스를 전문적으로 담당하는 연구소를 가지고 있었다. 그들은 이러한 자원을 바탕으로 두려움을 느낄 정도로 빠르게 혁신을 추진한다.

이미 거대 기업으로 성공해서 많은 자금을 확보한 기업들은 전략적 발전을 위해 앞서 말한 혁신의 대가들을 고용했고, 이러한 전략적 행위의 결과는 비즈니스 잡지와 논문, 책을 통해서 분석된 후 대중에게 공개되었다. 이후 월마트Wal-

Mart나 시스코Cisco, 델컴퓨터Dell의 성공 사례를 알게 된 각 기업의 경영진들은 혁신의 대가들이 자신들의 회사를 혁신적으로 변화시키는 데 도움을 줄 수 있을 것이라는 확신을 갖게 되었다.

각 기업의 경영진들은 최소한 혁신의 대가들이 자신들을 시장에서 진정한 리더로 만드는 방법을 알고 있을 것으로 믿었다. 그리고 기업 윤리의 틀 안에서 실현 가능한 사업을 수행할 수 있는 비결을 가르쳐 주길 바라면서 그들을 고용했을지도 모른다. 하지만 그렇다고 해서 혁신의 대가들이 정직하지 않다거나 그들의 공헌이 중요하지 않다는 것은 아니다. 중요한 것은 앞에서 예로 들었던 저렴하고 신뢰할 만한 수준의 스포츠카는 최소한의 신뢰성과 속도, 스타일, 그리고 이전의 고급 스포츠카들이 지녔던 오랜 전통과 기술력이 뒷받침되었기 때문에 오늘과 같은 혁신을 이루었다는 것이다.

우리가 말하고자 하는 것은 바로 지금이 지속적으로 이용할 수 있고, 누구나 배울 수 있으며, 효율적인 활용과 운용이 가능하고, 신뢰할 수 있는 혁신의 프로세스가 필요한 시기라는 것이다. 몇몇 전문가들이 시장 동향을 분석하고 관찰해서

책이나 논문을 통해 공개한다고 해서 혁신을 생활화할 수 있는 시스템을 가졌다고는 볼 수 없다. 현실적으로 아직까지는 경영 전반에 혁신의 분위기가 성숙되지 않았고, 혁신을 위한 시스템이 일반화되지도 않았다는 것이 우리의 생각이다. 혁신은 평범한 것도 아니며, 그렇다고 바보스러운 것도 아니다. 이것이 바로 '혁신innovation'으로 불리는 이유다.

비록 이런 생각들이 상식적으로 보이고 혁신의 대가들을 고용한 기업의 경영진들에게도 반향을 일으켰지만, 그 생각은 이내 깨지고 말았다. 아무리 뛰어난 기업이라도 혁신을 멈추면, 결국 능력을 발휘하지 못하고 자연스럽게 도태되게 마련이다. 기업의 획기적인 성공은 많은 사람들이 주장하는 상식적인 아이디어에서 나오는 것이 아니라 상식을 뛰어넘는 아이디어에서 나온다. 그리고 혁신은 일반적인 것이 아니라서 매우 드물게 일어나는 것이라고 생각하는 사람이 있는데, 이것도 잘못된 생각이다.

페라리나 람보르기니와 비교해 본다면, 트리즈는 혁신을 이끌어 낸 어큐라와 같다고 볼 수 있다. 대부분의 기업에서는 혁신을 만들어 가는 방법에 그들 스스로 불신을 가지고 있다. 다행스럽게도 트리즈를 이용하면 체계적인 혁신이 가능하다. 트리즈를 사용하는 기업들은 혁신의 안목을 키울 수 있을 뿐만 아니라, 더 신뢰할 수 있고 예측 가능한 혁신을 이루는 방법을 찾게 된다.

다시 경주용 자동차 이야기로 돌아가서, 경주용 자동차가 경주에서 이기기 위해서는 다음과 같은 세 가지 조건을 실행해야만 한다. 첫째는 자동차의 속도를 더 높여야 한다. 둘째는 브레이크의 성능을 높여야 한다. 그리고 셋째는 코너를 부드럽게 돌 수 있게 만들어야 한다. 즉 경주용 자동차가 우승하려면, 다른 어떤 기능보다 앞서 말한 세 가지 조건을 충족시켜야 하는 것이다.

이러한 조건이 중요하다면, 이 조건들의 기초가 되는 것은 무엇인가? 경주에서 우승하기 위해 가장 기본적이며 필수적인 요소는 무엇인가? 그것은 바로 경주에서 이기기 위한 가속 성능과 브레이크 성능, 코너링의 세 가지 기능과 차를 구성하고 있는 시스템과 모든 구성 요소의 완벽한 결합이다. 하지만 이보다 더 근본적인 것은 바로 각각의 타이어가 노면에 닿을 때의 밀착력이다. 즉 네 개의 바퀴가 조화롭게 움직이면서 도로의 마찰력을 최대한 이용하는 것이다. 이것이 바로 자동차의 가속과 정지, 코너링을 좌우함으로써 승리로 연결되는 것이다.

이러한 원리는 한 기업이 일상적이고 신뢰할 수 있는 혁신을 추구할 때도 동일하게 적용된다. 즉 한 기업이 혁신을 추진할 때, 상식적인 생각에서 벗어나 비상식적인 것을 고려해야 하는 높은 수준의 공식인 것이다. 그리고 이것이 바로 일반적인 기업을 경영하는 것과 탁월한 기업을 경영하는 것의 차이점이기도 하다.

경주용 자동차의 우승 조건과 기업을 비교한다면, 혁신을 이루기 위한 네 개의 타이어는 기업 문화culture, 인프라스트럭처infrastructure, 방법론methodology, 숙련된 기술proficiency이라고 볼 수 있다. 기업 문화는 광범위한 영역에서 혁신적인 행동과 훈련을 구성하는 능력을 뜻한다. 그리고 인프라스트럭처는 기업이 혁신을 이루고 강화하는 데 필수적인 기술과 경영 지원을 의미한다. 또 방법론이란 높은 수익을 얻을 수 있는 혁신 프로젝트를 실행하기 위한 표준 안내서라고 할 수 있다. 그리고 숙련된 기술은 가장 짧은 시간 안에 획기적인 혁신 능력을 키울 수 있는 능력을 말한다.

이러한 네 가지 조건은 혁신의 투자 대비 효과ROI를 극대화할 수 있는 결정적 성공 요인이다. 그리고 경주용 자동차와 마찬가지로 각각의 요인들은 상황에 따라서 조화와 균형을 이루어야 한다. 즉 필요에 따라 차의 속도를 높이거나 줄일 때, 경주용 차는 노면의 밀착도를 높이기 위해 네 개의 바퀴에 힘을 분배해야 하는 것이다. 이와 마찬가지로 기업은 투자 대비 효과를 극대화하기 위해 혁신의 네 가지 요소에 지속적으로 힘을 분배해야만 한다.

만약 변화하는 상황 속에서 한 가지 요소가 빠지거나 다른 요소들과 조화를 이루지 못하게 되면, 만족스럽지 못한 결과를 얻게 될 것이다. 어쩌면 경주용 차는 경기에서 지고, 기업은 기회와 돈을 잃는 최소한의 선에서 마무리될 수도 있다. 하지만 최악의 경우, 경주용 차는 운전자의 통제를 벗어나 전복되거나 벽에 부딪쳐서 차와 함께 운전자도 불길에 휩싸이는 종말을 맞게 될 수도 있다. 이것은 기업의 경우도 마찬가지다.

이상적인 혁신은 기업 문화와 기업 구조, 방법론, 그리고 숙련된 기술이라는 네 바퀴에 적절한 힘을 분배하고, 끊임없이 운전하는 것과 같다. 사고 리더십Thought Leadership의 현재 상태가 성공을 향해 나아가고 있더라도, 몇 가지 요소들은 여전히 부족한 상황이다. 트리즈는 바로 그러한 공백을 매우고, 페라리가 그랬던 것처럼 혁신으로 나아갈 수 있는 최적의 시기를 선택할 수 있도록 한다. 그리고 어큐라의 경우처럼, 원래의 장점을 잃지 않으면서도 신뢰할 수 있는 접근 가능한 혁신을 이룰 수 있는 시기가 언제인지를 가르쳐 준다.

네 바퀴가 조화를 이루면서 혁신을 수행하는 기업은 인적 자원과 재정적 자본, 기술적 자원을 적절한 방법으로 분배할 수 있다. 그리고 안정적인 배분을 통해 속도를 높인 상황에서 가속하거나 정지할 때, 또는 코너를 돌 때도 주로에서 벗어나지 않고 일정한 마찰력을 유지할 수 있다.

시스템적인 혁신의 최종 목표는 경쟁자보다 더 빠르고 더 좋은 비즈니스 경로를 찾아냄으로써 더 큰 성과를 얻는 것이다. 이러한 목표를 달성하기 위해서는 앞으로 나아가게 될 도로의 상황을 미리 파악해서 알고 있어야 한다. 경주용 차의 운전자라면 예상치 못한 변화에 대처할 수 있도록, 경주로의 모든 상황을 정확하게 알고 있어야 한다. 하지만 기업 경영과 비즈니스에서 예상하지 못했던 돌발 상황과 변수들이 산재해 있는 미래를 예측하는 것은 어려운 일이다. 그나

마 다행인 것은 시스템적인 혁신을 추진할 때, 트리즈는 비즈니스의 미래 예측에 대한 정보와 대응 방법을 제공할 수 있다는 점이다.

캘리포니아의 패서디나 Pasadena 시에서 열리는 장미꽃 축제 퍼레이드를 보기 위해 길가에 앉아 있는 당신의 모습을 상상해 보자. 그곳에서는 코너를 돌아 나오는 행렬을 한 번에 한 무리밖에는 볼 수 없다. 당신은 그곳에서 행진에 참여한 인원이 얼마나 되는지, 행렬이 어느 정도의 속도로 움직이고 있는지, 마지막 행렬이 어디에 있는지 알 수 없다. 당신이 유일하게 할 수 있는 것은 앞을 지나가는 행렬을 바라보는 것뿐이다. 바로 이것이 대부분의 기업들이 혁신에 접근하는 방법이다. 즉 대부분의 기업은 길가에 가만히 앉아서 눈에 보이는 트렌드를 관찰하고, 보이는 것에 따라서 시장을 파악하려고 노력한다.

하지만 당신이 헬리콥터를 타고 퍼레이드를 구경한다면 어떻게 될까? 당신이 헬리콥터를 타고 있다면, 행렬의 처음과 끝은 물론 그 사이에 있는 각각의 모든 행렬을 눈으로 확인할 수 있을 것이다. 뿐만 아니라 각 행렬이 어떤 속도로 움직이고 있으며, 어디서 멈추는지, 어디서 속도를 늦추는지,

심지어 어디서 행렬이 끝나는지도 알 수 있을 것이다. 길가에 앉아 있는 상황은 혁신에서 벗어난 페라리와 같은 기업과, 헬리콥터에 타고 있는 상황은 혁신에 뛰어든 어큐라와 같은 기업과 비교할 수 있다. 또한 헬리콥터에 타고 있는 사람은 직감이 아닌 능력으로 혁신이라는 도구에 올라 아래를 내려다보면서 트리즈를 실행하는 사람들과 같다고 할 수 있다.

당신은 이 책을 통해서 트리즈를 이용해 미래를 예측해야 하는 이유와 그 방법, 트리즈가 연구개발R&D에 신속하고 정확하게 적용될 수 있는 방법을 배우게 될 것이다. 그리고 기업 문화와 기업 인프라스트럭처, 방법론, 숙련된 기술의 네 가지 요소를 기업 혁신에 적용시키는 방법에 대해서도 알게 될 것이다. 이러한 네 가지 요소는 궁극적으로 더 나은 성과와 지속적인 경제적 생존력을 확보할 수 있게 할 것이다. 또한 트리즈가 개인적인 범위를 넘어서 기업 전체로 확산된다면, 시스템적인 혁신을 구축하게 됨으로써 기업의 성공적인 미래를 창출할 수 있다. 피터 드러커는 이러한 혁신 시스템을 가리켜 '미래를 예측하는 최선의 방법' 이라고 했다.

2. 비즈니스는 진화하고 있다

보다 큰 관점에서 보면 비즈니스란 창조와 개선이 끊임없이 이어지는 활동이라고 정의할 수 있다([그림 2-1]을 참조). 기업은 고객들에게 제공할 새로운 상품을 만들어 내고, 그 상품을 더 좋게 만들기 위해 개선하거나, 또는 전혀 색다른 새로운 상품을 만들기 위해 혁신하려고 노력한다. 이때 무엇보다 중요한 것은 '개선improvement'과 '혁신innovation'이라는 두 가지 힘의 연결에 의해서 비즈니스의 진화evolvement가 이루어진다는 것이다. 즉 비즈니스는 혁신과 개선 사이의 긴장과 경계 기능을 통해 발전하는 것이다.

오늘날 비즈니스에서 혁신에 대해 알아야 할 사항들은 이미 오래 전부터 개선에 대해 알고 있었던 것들이다. 모든 문제에는 오로지 하나의 해답만 있다. 결국 그 해답만 찾을 수 있다면 문제는 해결될 것이다. 데밍Deming, 주란

비즈니스의 진화

[그림 2-1] 비즈니스란 혁신과 개선이 교차하는 상호 작용이다. 기업은 새로운 상품을 만들어 내고 개선한 뒤, 또 다시 새로운 상품을 만듦으로써 기존의 상품을 폐기한다.

Juran, 크로스비Crosby와 같은 품질 관리의 리더들은 품질의 중요성을 가장 중요하게 받아들였으며, 상품의 독창성을 만들어 낼 수 있는 방법을 찾아 실행에 옮겼다. 그리고 대부분의 기업들은 이들이 실행한 품질 관리 기법을 채택하여 실시함으로써, 이들의 기법을 사용하지 않는 기업들은 시장에서 어려움을 겪게 되었다.

그러나 개선과 달리 비즈니스의 또 다른 축인 혁신은 여전

히 구조적 결함과 불명확성을 벗어나지 못하고 있다. 그리고 오늘날 비즈니스 현장에서는 혁신을 추진할 수 있는 세계적인 수준의 실행 요소들을 받아들이지 못하고 있다. 뿐만 아니라 기업과 하청업체들, 제휴 기업들, 최고 경영자, 중간 관리자, 엔지니어, 일반 사원, 기능직 사원, 각 부서 등에서 손쉽게 이용할 수 있는 혁신 관련 로드맵이나 공통적인 용어, 또는 표준화된 도구들도 없다.

글로벌화가 진행되고 있는 오늘날, 당신은 혁신에 익숙할 수도 있고 그렇지 않을 수도 있다. 하지만 당신이 혁신에 익숙한지 그렇지 않은지는 표준화된 로드맵을 얼마나 잘 수행하는지 여부와는 관련이 없다. 왜냐하면 표준화된 로드맵이란 애초부터 존재하지 않기 때문이다.

또한 로드맵이 있다고 해도 그 로드맵을 완벽하게 이해하고 있는 기업은 없다. 물론 어느 기업이든 구조적 발전을 통해 혁신적인 기업으로 다시 태어날 수 있다. 대표적인 회사를 예로 들면, P&G Proctor&Gamble는 단 몇 번의 인수 합병을 통해서 지속적으로 수익을 증가시키는 성과를 올렸다. P&G는 합병을 실행할 때, 합병 대상 기업들이 그들 자신만의 혁신 엔진 여부에 주목했다. CNBC 인터뷰에서 질레트의 CEO인 짐 킬츠Jim Kilts는 "P&G가 질레트를 인수한 가장 큰 이유는 질레트가 남성 고객들의 면도 용품과 배터리에서 혁신을 보여주었기 때문이었다."라고 말했다.[4]

월풀Whirlpool 역시 빠르게 시스템적 혁신을 시도한 또 다른 기업 중의 하나다. 월풀의 인적 자원 관리 책임자인 데이브 빈클리David A. Binkley는 "제품을 통해 기업을 연상한다고 볼 때, '가격 외에는 구별할 방법이 없는 전부가 백색인 상품의 바다'에서 우리 상품은 겉포장만으로도 쉽게 찾을 수 있다."라고 말했다.[5]

지금으로부터 5년 전, 월풀의 전 회장인 데이브 화이트맨 Dave Whitwam은 기업의 능력이 부족하다고 느꼈을 때, 혁신을 통해서만 기업의 비전을 달성할 수 있다는 사실을 깨달았다. 그는 회사를 혁신시킬 수 있는 모든 사람을 훈련시켰고, 오늘날 월풀의 업무 시스템에는 혁신이 생활화되어 있다.

월풀의 사업 기획 담당 부사장인 하리 버릿Harry Burritt은 다음과 같이 말했다. "1980년대의 키워드가 품질이었다면 현재의 키워드는 혁신이다. 그러나 이 두 단어가 서로 상충되는 것은 아니다. 지금 우리는 뛰어난 품질과 빠른 가격 인하,

그리고 혁신까지 이 모든 것을 동시에 해결하기를 원하고 있다."6

확실한 것은 대부분의 기업들이 혁신의 도구와 방법론, 로드맵, 그리고 계량화된 결과를 통해서 개선된 혁신 기법을 발전시켰다는 것이다. 하지만 월풀처럼 혁신을 핵심 역량으로 개발하고 빠르게 적용한 기업은 극히 드물다. 심지어 혁신을 실천하겠다고 공언하고 있는 기업들조차도 그 약속을 지키는 데는 어려움을 겪고 있다.

세계적인 홍보 컨설팅 회사인 힐앤놀튼Hill&Knowlton은 세계 각국의 175개 기업을 대상으로 혁신의 추진 상황을 조사한 적이 있다. 그들의 조사 결과에 의하면, 각 기업의 최고경영자들은 '지속적으로 혁신을 추진하는 것'은 기업이 추구하는 목표 중에서 가장 어려운 목표라고 말했다. 또한 대부분의 기업에서는 지속적으로 혁신을 추진할 수 있는 구조적인 시스템을 갖추지 못한 것으로 조사되었다.7

한편, 글로벌 컨설팅 전문 기업인 프라이스 워터하우스 쿠퍼스PWC에서는 1,000명의 CEO들을 대상으로 설문 조사를 실시했다. 조사의 주제는 '지속적인 수입 증대를 위해 가장 중요한 지렛대 역할을 하는 것은 무엇이라고 생각하는가?'

였다. 이 설문에 참여한 CEO들 중 40%가 '혁신'과 '독창적인 제품과 서비스'를 꼽은 반면, IT와 인터넷이 가장 중요한 수단이라고 답한 CEO는 4%에 불과했다.

이러한 결과가 의미하는 것은 무엇이며, 어떤 교훈을 얻을 수 있는가? 앞서 말한 조사 결과는 인터넷과 같은 한 가지 특정한 혁신의 흐름을 활용하는 것보다 시스템적인 혁신을 기업의 전 분야에서 활용하는 것이 더 중요하다는 것을 말해 준다. 그리고 지속적으로 성장하는 기업이 되기 위해서는 혁신을 보다 더 강력하게 추진해야 한다는 것을 가르쳐 준다.

마크 엡스테인Mark Epstein과 로버트 셸턴Robert Shelton, 토니 다빌라Tony Davila는 2005년에 출간된 〈혁신의 유혹Making Innovation Work〉이라는 책을 저술했다. 이 책에서 엡스테인은 이렇게 이야기하고 있다. "기업에서는 자신들이 다루지 않았던 새로운 것을 창조하고, 자신의 한계를 뛰어넘는 것이 혁신이라고 생각한다. 때문에 혁신을 거부할 경우 이제껏 발휘해 왔던 창의력을 모두 잃게 될 것이라는 두려움을 가지고 있다."[8]

하버드 대학의 객원 교수인 엡스테인은 공동 저자들과 함께 CEO들에게 설문을 실시해서 얻은 결과에 대해 다음과 같이 설명하고 있다. "우리는 연구를 통해 창의력과 혁신을 개발하고, 새로운 상품을 개발하는 데 혁신을 활용하기 위해서는 과정과 평가의 프로세스가 필요하다는 것을 알게 되었다."9 여기서 엡스테인이 이야기한 프로세스란 더 나은 평가와 보상 체계에 기반을 두고 있으며, 그러한 체계는 트리즈와 같은 방법론과 연계되어 있다.

미국의 비즈니스 잡지 〈아메리칸 이그제큐티브American Executive〉는 엡스테인과 셸턴, 다빌라의 연구를 근거로 '혁신의 과학'이라는 기사를 게재했다. 이 기사의 부제 중 하나는 '점진주의의 만연'이었고, 현대 기업 문화를 정확하게 꿰뚫어 본 이 기사는 사람들에게 충격을 안겨 주었다. 사실 비즈니스의 한쪽 측면을 이루고 있는 '개선'을 위한 구조와 수단들은 ISO9000, 말콤 볼드리지, 6시그마, TQM 등 다양하다. 하지만 '혁신'을 위한 체계와 방법론은 부족한 실정이다.

여기서 다시 한 번 〈혁신의 유혹〉이라는 책에서 저자들이 가르쳐 준 교훈적인 내용을 살펴보자. 셸튼은 책에서 다음과 같은 이야기를 하고 있다. "사람들은 큰 수익을 가져다줄 수 있는 획기적인 혁신에 목말라 하면서도 실제로는 점진적인 혁신에만 집중하고 있다. 이들은 작은 변화에 사로 잡힌 채 혁신을 이룰 수 있는 다른 부분들에는 전혀 눈길을 주지 않는다." 10

비즈니스의 핵심은 개선과 혁신이 전체 비즈니스 속에서 조화와 균형을 이루어야 하며, 만일 그렇지 못할 경우에는 기업 전체를 유지할 수 있는 능력과 수익성이 타격을 입게 된다는 것이다. 기업은 혁신을 바탕으로 개선에 투자된 자금과 자원을 통해 예측 가능한 수익을 내는 것처럼, 적극적인 혁신 프로젝트와 개선형 프로젝트를 동시에 진행해야 한다. 이로써 기업은 비즈니스 성공의 두 요소인 '개선' 과 '혁신' 이라는 두 가지 의무를 모두 수행할 수 있다.

하지만 혁신에 있어서 혁신과 개선이 조화와 균형을 이루어야 한다는 것을 증명할 수 있는 기준 이론은 아직까지 없는 실정이다. 혁신에 대한 적응과 계획된 진부화, 창조적 파괴를 위한 수단과 이론, 로드맵, 그리고 수치로 나타난 결과들은 어디에 있는가? 많은 비즈니스 리더들이 혁신에 대해 이야기하기를 좋아하지만 혁신의 실행을 계획하고, 그것을 효율적으로 활용하며, 그것을 관리하거나 평가하지는 않는다. 다만 개선을 계획하고 평가하는 것과 똑같은 방법으로 혁신을 수행할 뿐이다. 대부분의 비즈니스 리더들은 혁신보다는 개선을 옹호하며, 개선을 실행하는 방식으로 혁신을 실행하지도 않는다. 하지만 기업의 생존을 위해서 혁신은 매우 중요한 요소다.

우리는 앞에서 오늘날의 기업들이 구조적 혁신을 실행하기 위한 표준화된 방법론이 부족하다는 것을 이 책의 전제로 언급했다. 또한 트리즈가 혁신을 희망하고 있는 기업에서 필요로 하는 프로세스와 구조, 이론, 통제, 예측 가능성, 평가 가능성, 그리고 혁신 투자에 대한 수익의 열쇠를 쥐고 있다는 것도 이야기했다. 그리고 2부에서는 트리즈의 방법론을 구체화하고, 트리즈를 적용하여 성공적으로 혁신을 이룬 기업들의 사례를 살펴볼 것이다.

하지만 그 전에, 먼저 시간의 흐름에 따라 경영 기법이 어떻게 발전되어 왔는가를 살펴보는 것이 중요하다. 즉 중요한 핵심 경영 기법이 어떻게 생겨났고, 어떻게 발전했으며, 어떻게 제도화되었는지를 살펴보면 트리즈의 역사적 맥락을 예측할 수 있다. 이러한 예측을 이용하면 트리즈가 어떤 효과를 가져다 줄 것인지를 알기 전에 트리즈가 왜 중요한지를 먼저 이해할 수 있다.

제도화된 모든 경영 기법은 '굿 아이디어good idea'에서 시작해 '빅 아이디어big idea'로 끝을 맺는 S자 곡선의 흐름을 따른다([그림 2-2]를 참조). 이것은 기업에서 처음으로 적용한 하나의 방법론이 전 세계 경제와 다양한 분야 전반에 천천히 산발적으로 확산된다는 것을 의미한다. 이후 그 방법론은 여러 가지 적응 과정을 거친 뒤 전 세계 대부분의 기업에서 일상적으로 수행할 수 있도록 제도화된다.

경영 기법으로서 굿 아이디어는 초기에 국지적인 환경에서 소수의 사람들에 의해 파급된다. 그리고 이러한 초기의 시도는 보통 과학적 사고를 공유하는 이들 사이에서 느리지만 지속적으로 받아들여지면서 확산된다. 이후 이 아이디어를 빠르게 받아들인 사람들은 시범적으로 일부 분야에 아이디어의 개념을 적용하게 된다. 이때 구조화된 이론이 효과를 나타내게 되면, 해당 조직의 여파는 주위의 다른 조직에도 전체적으로 영향을 미치게 된다. 결국 초기의 방법론이 제한적이기는 하지만, 새로운 체계를 좀 더 파급력 있게 적용할 수 있는 경영 기법이라는 것이 분명하게 입증되는 것이다.

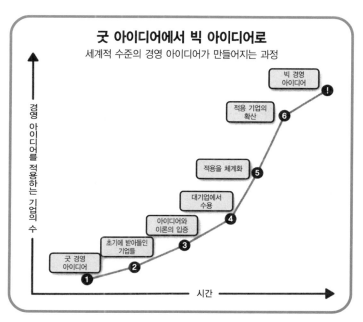

굿 아이디어에서 빅 아이디어로
세계적 수준의 경영 아이디어가 만들어지는 과정

경영 아이디어를 적용하는 기업의 수

빅 경영
아이디어 **❗**

적용 기업의
확산 **6**

적용을 체계화 **5**

대기업에서
수용 **4**

아이디어와
이론의 입증 **3**

초기에 받아들인
기업들 **2**

굿 경영
아이디어 **1**

시간 ➡

[그림 2-2] 20세기의 세계적 경영 관리 기법은 S자 곡선의 흐름을 따라 발전해 왔다. 트리즈도 예외는 아니다.

이후 이 방법론의 운명은 영향력 있는 비즈니스 리더가 이끄는 소그룹이나 잭 웰치(6시그마의 경우)와 같은 비즈니스 우상의 손에 의해 결정된다. 즉 특정 기업의 경영진에서 이 이론을 새로운 경영 기법으로 전파하게 되면, 이 방법론은 다른 기업들에서 받아들이는 비율이 가파르게 증가한다.

굿 아이디어가 빅 아이디어로 변화하는 과정에서 중요한 역할을 하는 다음 단계는 가치가 입증된 방법론을 부서 단위가 아닌 전사적인 수준으로 받아들이는 것이다. 이 단계는 앞서 말한 방법론이 대다수 기업에서 전반적으로 이용되고, 운영상의 법칙이 체계화되고 문서화되었을 때 달성된다. 우리는 이 단계를 '시스템화된 적용deployment systemization'이라고 부르는 데, 이는 새로운 방법을 적용했을 때의 투자 대비 효과가 전반적으로 인식되고, 반복적으로 수행될 수 있는 기반을 갖추었기 때문이다.

실행을 방해하는 장해물들이 모두 제거되고 기업들의 생각이 모두 일치하는 시기가 오면 빅 경영 아이디어를 위한 다음 단계는 바로 역사가 되는 것이다. 십년 내지는 일정 기간의 시간이 흐르고 많은 기업들이 경험을 통해 그 방법론을 가장 효과적으로 수행하게 되면, 방법론의 체계는 완벽해지고 세계적인 수준의 방법론으로 제도화되는 것이다.

지난 수십 년 동안 50여 가지의 빅 경영 아이디어를 연구한 두 명의 저자들은 이렇게 말했다. "지난 수십 년 동안 빅 아이디어들을 연구하는 동안 완전히 새로운 아이디어라고 말할 수 없는 것들이 많았다. 사실 대부분의 아이디어들은 기업에서 이미 체계화하여 수행한 사례 연구에 기초하고 있었다. 하지만 새로운 것을 종합하고 체계화한 것이기도 했다."11

그동안 비즈니스의 세계는 ISO 9000, 6시그마, 리엔지니어링, 목표 관리MBO, TQM, 고객의 소리VOC, 전략적 계획, 고객 관계 관리CRM, 벤치마킹 등 많은 경영 아이디어들과 이론들을 체계화했다. 그리고 그 이전에는 과학적 관리, 통계적 공정 관리, 품질 관리, 도요타 생산 방식과 같은 이론들이 존재했다.

각각의 빅 경영 아이디어들은 단계적인 S자 곡선에 의해 형성되기 때문에 그보다 더 큰 경영의 S자 곡선도 형성할 수 있다. 물론 각각의 빅 경영 아이디어들 역시 여러 개의 작은 요소들로 이루어진다. 예를 들어 TQM의 경우는 VOC와 권한 부여, 팀 구성, 그리고 지속적인 개선 등의 요소를 포함하고 있다. 그리고 트리즈에는 모순 해결과 40가지의 발명 원리, 여덟 가지의 진화 패턴 등이 포함되어 있다.

3. 혁신 기법도 진화한다

[그림 3-1]을 보면 경영 기법이 발전하는 S자 곡선에서 가장 중요한 세 가지의 진행 상황을 살펴볼 수 있다. 그 세 가지는 바로 생산성과 품질, 그리고 혁신이다. 또한 성공적인 혁신의 흐름을 통해 체계화된 혁신이 기업의 새로운 경쟁력이 되는 이유도 알 수 있다.

우리는 앞서 좀 더 큰 사건들을 표현하기 위해 몇 사람의 이름과 기업을 선택해서 예로 들었다. 이는 우리가 이미 다른 사람들에 의해 구체적으로 선택된 것을 좋아하는 본성을 가지고 있기 때문이다. 하지만 최적의 생산성을 실행한 사람

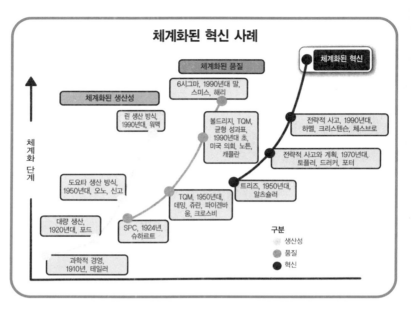

[그림 3-1] 조직화 능력의 넓은 시각으로 보면 체계화된 혁신은 발전과 체계화를 위한 새로운 분야이다.

은 테일러나 포드, 오노, 도요타 또는 워맥과 같은 일개 기업이나 사람이 아니라 수천 명의 사람들과 기업들이 일궈낸 성과였다. 또한 품질 개선이 오늘날과 같은 힘을 발휘할 수 있도록 만든 것 역시 데밍이나 주란, 해머, 해리, 말콤 볼드리지 수상자들이나 GE와 같은 기업이 아니었다. S자 곡선은 소수의 주장이나 노력이 아닌 수많은 사람들과 기업들의 참여에 의해서 이루어지는 것이다.

　전체적인 측면에서 개괄적으로 살펴보면, 경영 아이디어
가 처음으로 초점을 맞춘 중요한 흐름은 바로 '생산성'이었
다. 생산성은 프레드릭 테일러Fredrick Taylor가 주장한 시간과
운동 원리의 등장과 함께 대량 생산 체제가 도입되던 시기에
강조되었다. 이후 포드가 최초로 초기 형태의 생산성 증대
시스템을 구축하고 1950년대에는 도요타가 이 체제를 도입
하면서 생산성의 체계화가 S자 곡선의 변곡점에 이르게 되
었다. 그리고 마침내 불량품과 생산 시간 단축 실행, 즉 생산
성의 실현 방법은 1980년대와 1990년대의 개념적 · 방법적
발전을 거쳐 린Lean이라는 입증된 생산 방법으로 통합되었
다.[12]

　두 번째 흐름은 '품질'이다. 테일러의 생산성 지향 연구와
비슷한 시기에 월터 슈하르트Walter Shewhart가 주장한 품질 중
시 풍조는 이내 기업들의 경영 관리 방식으로 굳어졌다. 발
전이 진행됨에 따라 한 가지 관심사는 또 다른 관심사를 낳
는 원동력이 되었다. 적은 자원을 가지고 짧은 시간 내에 조
악한 생산품을 많이 만들어 내는 것은 결국 기업 간의 경쟁

이 치열한 비즈니스 세계에서 멀어지게 만들 뿐이었다. 돌이켜보면 이는 아주 분명하고도 당연한 결과이다. 이후 짧은 시간 안에 대량으로 생산할 수 있는 방법을 알게 된 기업들은 곧 상품의 질을 높이는 방법으로 눈을 돌렸다.

에드워드 데밍Edwards Deming 박사와 같은 연구자들의 도움으로 일본 기업들은 세계적 수준의 경영 기법 변화를 주도했다. TQM 원리가 입증되고 수많은 주요 기업들이 TQM을 받아들이면서, 품질은 세계 시장에서 경쟁하기 위한 필수 조건이 되었다. 그리고 오늘날에는 6시그마가 가장 발달된 형태의 품질 관리 수단으로 굳어졌다고 말할 수 있다.

세 번째 흐름인 '체계적 혁신'은 1946년에 겐리히 알츠슐러Genrich Altshuller의 연구와 함께 시작되었다. 알츠슐러는 한 명의 창의적인 천재가 특허품을 만들어 낸다는 사실을 믿지 않았던 러시아의 과학자였다. 그는 이에 대해 다음과 같이 말했다.

"과학과 기술 분야에서 놀라운 성과를 이룬 사람들이 창의력의 불가사의함에 대해 논할 때, 나는 그들의 말이 납득되지 않았고 믿지도 않았다. 창의력을 제외한 다른 모든 것들은 불가사의하지 않다는 말인가? 하지만 그 무엇이 재기 넘치는 아이디어의 발견보다 더 매혹적일 수 있고, 일순간 떠오른 생각을 강력한 지식으로 바꾸는 것보다 더 황홀할 수 있겠는가?"13

우리는 알츠슐러의 이런 생각이 다른 누군가의 의견을 빌려온 것인지 아니면 자기 자신의 의식 속에서 나온 것인지 궁금하다. 체계화의 불꽃이 자연스럽게 '생산성'의 나무에서 '품질'의 나무로, 또 '혁신'의 나무로 변하는 것이 가능한 일일까? 물론 알츠슐러는 이에 대해 정확한 질문을 던지고 있다. "창의력을 제외한 다른 모든 것들은 불가사의하지 않다는 말인가?" 이에 대한 해답을 찾기 위해 트리즈로 알려진 분야와 방법이 개발되었고, 급격히 확산되기 시작했다.

[그림 3-1]에서 볼 수 있듯이 '혁신 곡선'에서 전략적 혁신의 수요와 방법은 1970년대와 1990년대에 피터 드러커와 게리 하멜이 등장하면서 전성기를 누렸다. 하지만 흥미로운 사실은 따로 있다. 혁신 곡선이 혁신의 전술이나 전략의 진행 상황과는 관계가 없다는 것이다. 그리고 이 문제는 수많

은 사람들이 혁신에 관해 이야기함에도 불구하고, 완벽하게 실행하는 사람이 없는 이유에 대하여 철저한 이분법적 논란을 야기했다.

수십 년 동안 트리즈는 새로운 상품을 기획하고 만들어야 하는 사람들이 직면한 기술적 장애물을 해결하는 데 적용되어 왔다. 그리고 이러한 분야는 혁신을 도입하기가 상당히 어려운 부분이다. 이와 동시에 전략적 혁신 사상가들은 한 가지 특정한 원리나 실행 방법을 여러 분야로 확산시키는 방법을 찾으며 현재 상황에 도전해 왔다. 뿐만 아니라 새로운 성공을 이루기 위해 창의적 수용의 미덕을 발휘함으로써, 비즈니스의 모델을 변화시킬 수 있는 방법을 모색해 왔다.

여기서 다시 한 번 월마트와 델, 마이크로 소프트, IBM과 그 밖의 다른 기업들에 관한 이야기를 늘어놓아 독자들을 지루하게 만들고 싶은 생각은 없다. 모든 이야기의 핵심은 여기에 등장한 주인공들은 위험 부담이 큰 것임에도 불구하고, 그에 대한 믿음을 잃지 않는 대단한 혁신 의식을 창조했다는 것이다. 전략적인 혁신 의식을 가지고 있는 리더들은 혁신이 창의적으로 깨어 있는 위대한 생각의 산물이라는 사실을 누구나 믿을 수 있게 만든다.

그러나 모든 전략적·기술적 혁신들은 다양한 유형과 변수, 원리(이 책, 그리고 트리즈의 지식 체계에 포함되는 모든 것)에 따라 달라지는 것이 사실이다. 하지만 이와 같은 지식이 '건설적으로 수용되는 생각'을 통해 혁신을 이루는 것에서 비롯된다고 해도, 현재의 거의 모든 방법들은 '파괴적인 일탈적 사고'를 통한 혁신을 이루는 것에서 비롯되고 있다. 그리고 전자는 신속하고 믿을 수 있는 방법인 반면, 후자는 상대적으로 시간 낭비의 여지가 많고 신뢰할 수도 없다.

요령과 진실은 지속적인 혁신을 이루기 위한 창의력의 두 가지 유형이다. 기업은 특별한 전략이나 전술적 과업에 의존해 창의력을 발산하는 방법과 트리즈의 수용 과정을 필요로 한다. 대신 혁신의 벽을 무너뜨리는 것이라고 믿어 왔던 기업들과 회사에 돈을 쏟아 붓는 행위나 격려는 그만두어야 한다. 이 책의 제목에서 알 수 있듯이 기업들은 혁신을 적용하고 이행하며, 통제할 수 있는 능력을 갖추어야 한다.

우리가 2부에서 더 강조하려는 주요한 문제는 비즈니스가 과학적인 측면에서 완벽한 방법보다는 심리적인 측면에서 창의력이 충만한, 조금은 부족한 듯한 방법으로 치우치는 경향이 있다는 것이다. 우리는 왜 전자의 방법들이 파괴적인 경향을 보이는지, 트리즈는 건설적인지에 대해 자세히 검토하기로 한다.

우리는 마이클 포터나 게리 하멜, 클레이 크리스텐슨처럼 비즈니스에 구조적인 변화를 이끌어 내기 위해 브레인 스토밍과 개방적인 유추적 사고, 그리고 각 개인의 전략적 명석함을 이용한 이들의 대단한 업적을 폄하하려는 것이 아니다. 이들의 사고 리더십과 훈련은 대단한 성과를 이끌어 냈다. 우리는 그저 당시에 실행된 혁신의 방법론이 산업 사회보다는 서부 개척 시대의 문화에 더 가깝다는 것을 이야기하고 싶은 것이다. 그리고 이제는 혁신도 진화가 필요한 시기이다.

4. 창의적 문제 해결
기법으로서의 트리즈

　이제 경영 기법의 진화 과정을 보여주는 S자 곡선을 다시 한 번 살펴봄으로써, 굿 아이디어가 수많은 기업들에 의해 어떻게 받아들여지고, 어떻게 해서 빅 아이디어가 되었는지 알아보자. [그림 4-1]에서 트리즈의 궤도를 나타내는 굵은 선은 초기에 도입한 기업들 사이에서 서서히 확산되고 있는 단계를 보여준다. 이는 수십 개의 기업들이 트리즈를 통해 특별한 경험을 하고, 수백 개의 기업에서 트리즈에 대해 관심을 갖거나 비공식적으로 트리즈를 실행하고 있는 단계를 의미한다.

　트리즈는 이러한 급성장과 모든 주요 비즈니스가 한 가지

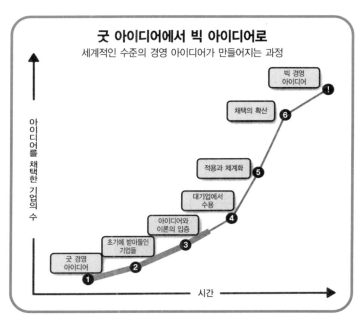

[그림 4-1] 지금까지 구조화된 세계적 수준의 경영 기법은 평범한 사건들의 진행에
따라 평범한 경로를 지나 왔다. 트리즈는 지금까지의 경영 기법과 달리 S자 곡선에서
가장 가파른 상승 지점에 이르는 선으로 나타나고 있다.

방법에 의해 구체화된 사례를 통해 제품과 서비스의 전술적
혁신을 위한 사실상의 표준이 될 준비를 갖추었다. 뿐만 아
니라 3부에서 살펴보게 될 트리즈의 여덟 가지 진화 패턴은
전략적 혁신을 위한 사실상의 표준이 되기에 충분하다.

비록 혁신의 범주가 트리즈보다 더 크지만, 기업들은 경영

상의 완벽을 기하기 위해 린Lean과 6시그마를 수용했던 방식으로 혁신을 위해 트리즈를 받아들이고 있다. 린과 6시그마는 단순한 접근 방법이 아니라 운영 방법을 개선하기 위한 최고의 원리들과 실행 방법들을 모두 포함하고 있다. 그리고 트리즈는 체계화된 혁신을 위한 접근 방법일 뿐만 아니라, 이 모든 방법들이 달성하고자 하는 모든 것들을 구체화한다.

잠시 역사를 뒤돌아보면, 대량 생산 시대 초기에 기업들은 오늘날의 기업이 혁신의 중요성을 인식해 가고 있는 것과 마찬가지로 특정한 사람들을 위한 특정한 업무로서 품질 개선의 중요성을 깨달아 가고 있었다. 1900년대 초기에는 기업을 차별화하는 가장 큰 요인은 생산량이었으며, 기업 경영에 참여하고 있는 거의 모든 사람들이 품질에 상관없이 생산량이나 업무 시간 외에 생산된 제품의 숫자에만 관심을 두었다. 이후 품질 문제가 부각되면서 전문적인 교육을 받은 사람들이 그 문제들을 해결하려 했을 것이다. 하지만 품질을 높이기 위한 계획을 세우는 방법과 품질의 개선 방법, 그리고 품질과 관련한 문제의 해결 방법을 아는 사람들은 극소수에 불과했다.

그러나 대량 생산 경제가 성장함에 따라 다양한 변화와 문제점들이 발생했고, 이러한 문제들은 더 나은 품질 관리의 필요성을 인식하게 만들었다. 이에 따라 생산량이 아닌 품질이 기업의 차별화 전략으로 대두되었고, 기업들은 품질 개선에 전력을 다하게 되었다. 그들은 품질 개선 계획을 수립하고 새로운 생산 설비를 개발했으며, 절차를 표준화하고 문제점을 해결하는 한편 고객들의 요구에 귀를 기울였다. 뿐만 아니라 기업의 사명을 규정하는 것은 물론 생산 방법을 제도화했다. 또한 직원들의 교육을 통해서 문제점을 평가하고, 품질 개선을 담당하고 있는 사람들을 독려하기도 했다. 결국 필연적으로 품질 개선은 소수의 전담 업무가 아닌 모든 사람들의 업무가 되었다.

이처럼 변화의 파도는 과거에는 비밀스럽게 존재했던 지식을 모든 사람들이 일상적으로 알 수 있는 지식으로 만들었다. 기업의 역량은 품질 개선을 위해 모든 운영 방법과 절차, 업무에 발휘되었다. 이는 다른 기업들과 경쟁하는 데 있어서 반드시 필요한 것이며, 품질이 낮은 제품을 생산하는 데 드는 비용이 오히려 더 높아졌기 때문이었다. 이와 마찬가지로 오늘날 질이 낮은 혁신에 드는 비용은 너무 높을 뿐만 아니라, 혁신의 필요성은 품질 개선의 필요성을 능가하고 있다.

이에 따라 오늘날 대부분의 기업들은 더 체계적이고 구조적인 혁신을 통해서 경쟁력을 얻으려 하고 있다. 이러한 성향은 자동차와 전자 제품 분야에서 더욱 분명하게 나타난다. 동 분야의 기업들은 고품질을 전제로 새로운 모델을 개발하는 한편 속도와 기능성, 가치를 높인 다양한 제품을 선보이고 있다.

사실상 모든 기업들이 품질뿐만 아니라 새로운 스타일과 기능, 디자인, 고객들의 생활 방식에 맞춘 제품을 개발하면서 차별화되고 있다. 도요타나 소니의 제품을 구매하는 사람들은 품질에 대한 명성 때문에 이들 제품을 구매한다. 하지만 또 다른 구매자들은 그들이 지속적으로 혁신을 실행하면서 다음에는 더 멋진 제품을 선보인다는 이유로 제품을 구매하기도 한다.

2004년에 하버드 경영 대학원 출판부는 다양한 저자들이 발표한 혁신 관련 논문들과 혁신의 실천적 선구자인 클레이튼 크리스텐슨Clayton Christensen의 논문을 통합하여 출판했다. 전체적으로 이 논문들은 혁신이 일어나는 환경에 관한 흥미로운 이야기들을 담고 있다. 크리스텐슨은 논문의 서문에서 혁신을 통해 성장할 수 있는 능력을 키울 수 있는 방법이 있다고 말했다. 그의 견해의 의하면, 첫째는 성장할 수 있는 기회가 언제인지를 인식해야 하며, 둘째는 그러한 기회를 놓치지 않기 위해 잠재 능력을 평가해야 하며, 셋째는 실행을 위한 반복적 절차를 수행해야 한다는 것이다.[14]

이러한 세 가지 포인트는 혁신에 관한 최고의 논문 수십 편에 공통적으로 등장하는 핵심 내용을 구성한 것이다. 앞서 말한 논문들에서는 획기적인 전략을 진행하기 위한 수준 높은 제안들을 제시하고 있다. 일례로 한 논문은 '저가의', '사용하기 쉽고', '구매하기 쉬운', '고수익'의 획기적인 상품을 생산하고 평가할 수 있는 기준을 제시하고 있다.[15] 이러한 평가 기준을 만족시키는 상품일수록 '획기적인 변화'라는 목표를 달성한 것이라 볼 수 있다.

하지만 우리가 이 책을 통해 밝히고자 하는 것은 바로 그러한 방법에 관한 것이다. 어떻게 혁신하고, 어떻게 낮은 가격을 제시할 것이며, 어떻게 해서 사용하기 쉽고 구매하기 쉽게 만들 것이며, 어떻게 수익을 증가시킬 것인가? 혁신 전문가들의 사례 연구와 분석에도 불구하고 일반적으로 이용할 수 있는 것들은 단순한 사례와 피상적인 것들에 불과하다. 생산량 증대나 품질 개선과 같은 목적을 이루기 위한 이론과 방법에는 과학적 기준이 정립되어 있다. 하지만 최근의 혁신 구조에는 과학적 기준이나 가치를 높이기 위한 효율적 방안들이 부족하다.

혁신을 위한 세계적 수준의 방법론에 이 방법론을 지속적으로 확산시킬 수 있는 효율적인 비즈니스 마인드가 결여되어 있다는 것은 아주 재미있는 일이다. 혁신을 위한 아이디어가 뛰어나다 해도 혁신을 실행하는 것은 여전히 상대적으로 빈약한 상태인 것이다. 크리스텐슨은 이에 대해 '파괴적인 트렌드를 이용하는 능력을 개발함으로써' 파괴적인 블랙벨트Black Belts, 특정 프로젝트를 전담하여 개선 활동을 수행하는 사람들를 얻기 위해 '현직 종사자, 즉 마켓 리더'가 필요하다고 한다. 즉 현직 종사자들은 혁신 활동에 분열을 일으키는 요인을 제거할 수 있도록 정립된 프로세스를 이용하고, 조직을 분리함으로써 파괴적인 위협에 대응할 수 있다는 것이다.[16]

트리즈가 바로 그렇게 정립된 절차이며 과거의 성공 패턴도 명확하게 볼 수 있다. 트리즈는 계속해서 확산되고 있으며, 구조화된 혁신이 세계적인 수준으로 표현되는 상황에서 트리즈가 대표적인 역할을 할 것으로 예측된다. 트리즈는 기술상의 모든 혁신 관련 문제들을 해결하는 것뿐만 아니라 전략상의 혁신 활동을 자극하기에도 충분하다. 다시 말해, 트리즈는 모든 분야의 과학자들과 엔지니어들, 그리고 모든 산업의 비즈니스 리더들을 위한 혁신의 기준과 방법을 제시하고 있는 것이다.

그렇다면 어떻게 혁신할 것인가? 전 세계의 기업들이 생산성과 품질 향상 기법들을 수용하고 있음에도 불구하고, 왜 혁신을 이루기 전까지 퇴보의 길을 걷게 되는 것인가? 만일 당신이 CEO라면 앞서 말한 질문을 심각하게 받아들여야 하는 이유가 몇 가지 있다. 첫 번째는 혁신은 기업의 성장과 수익을 가져다주기 때문이다. 두 번째는 대부분의 기업들이 체계적인 혁신 수단을 가지고 있지 못하기 때문이다. 세 번째는 만약 당신이 회사 내에서 혁신 능력을 키울 수 있다면 놀라운 경쟁력을 지닐 수 있기 때문이다. 특히 체계적 기반 위에 품질과 성과 개선을 이미 실행하고 있는 경우라면, 경쟁력은 더욱 더 강해질 수 있다.

지속적인 혁신을 방해하는 것

개선의 리더십	혁신의 리더십
혁신 기법을 채택하지 않음	혁신을 위한 체계적 방법이 있음
혁신을 위한 교육 방법이 없음	혁신 교육을 위한 반복 가능한 방법 있음
생산성과 품질 개선에만 집중	혁신에 초점을 맞춤
경쟁자에 밀려서 어쩔 수 없이 진부화	계획된 진부화
혁신에 관한 논의만 있음	혁신 계획과 실행, 관리, 평가하기
단발적 혁신	지속적인 혁신
혁신가만 참여함	모든 사람이 혁신에 참여함
혁신 능력은 내부의 경험적 지식에 근거함	혁신 능력은 내부와 외부의 지식에 근거함

창의적 혁신을 위한 행동 원칙

- 부족한 혁신 방법을 시스템적 혁신 방법인 트리즈로 대체하라.
- 문제의 해결책을 제시하는 트리즈와 개방적인 혁신 철학을 수용하라.
- 시스템적 혁신을 기업 내의 역량과 융합시켜라.
- 혁신을 평가하고, 직원들에게 혁신 과제에 대한 측정 가능한 결과를 요구하라(비용 절감, 비용 회피, 또는 수익 창출과 관련된 측정 가능한 결과)
- 조직 전체에 기반을 내릴 수 있고, 지속 가능한 혁신 엔진을 창조하라.
- 지속적인 체계적 혁신을 실행할 수 있도록 모든 직원에게 시스템적 혁신 기법(트리즈)을 훈련시켜라.
- 혁신 리더들이 혁신을 이끌고 실행 가능한 혁신 과제를 채택하는 한편, 혁신 실행 방법과 전략을 구성하라. 그리고 혁신 과정을 평가하고 관찰하라.
- 트리즈 전문가들이 초보자들을 위해 혁신 과정을 가르치고, 혁신 과정을 촉진시킬 수 있도록 조언하고 훈련시켜라.
- 혁신을 실행하는 사람들이 트리즈의 이론을 실행하고, 트리즈의 과제를 완성하는 한편, 혁신의 투자 대비 수익을 인식할 수 있도록 훈련시켜라.

2부

창조적으로 혁신하기

트리즈의 원리는 전술적 혁신에 어떻게 적용되는가?

"문제를 만들어 낸 사람의 수준에서 생각하면 그 문제는
절대로 풀 수 없다."

알버트 아인슈타인 Albert Einstein

5. 트리즈를 이용하는 기업들

당신이 P&G의 연구 책임자이자 개발자이면서, '크레스트Crest' 브랜드와 다른 구강 관리 제품 브랜드의 소유주라고 상상해 보자. 그리고 경쟁사인 콜게이트-팜올리브Colgate-Palmolive 사가 미백 효과가 있는 치약을 출시하여 3년 동안 5억 달러의 수익을 올렸다.[17] 반면 크레스트의 판매량은 계속해서 감소하고 있다.

당신이라면 어떻게 하겠는가?

P&G는 혁신적인 기술과 상품, 그리고 해결책을 시스템으로 구축함으로써 사람들로부터 좋은 평판을 얻을 수 있었다. "당시의 기업 연구에 따르면, 고객의 50%가 더 하얀 치아를 원함에도 불구하고 하얀 치아를 만들기 위해 노력하는 이들은 5%에 불과했다."[18] 사람들의 치아 관리 방법이 변화하면서 P&G도 그에 맞도록 대응해야 했다. 그에 따라 궁극의 해결책으로 제시된 것이 바로 '화이트 스트립스Whitestrips' 제품이며, 이 제품은 시장에 출시된 지 1년 만에 2억 달러 이상의 수익을 얻으면서 시장 점유율의 90%를 차지하게 되었다.[19]

놀라운 일임에는 틀림없지만, 어떻게 이런 일이 가능했던 것일까? 미백 프로젝트에 참여한 개발자들은 칫솔을 이용해서 하얗게 만드는 방법을 바꾸는 것이 콜게이트와 경쟁하는 최선의 방법이라는 것을 깨달았다. 하지만 그러기 위해서는 칫솔질을 하는 시간보다 더 오랫동안 치아에 과산화수소 젤을 붙여 놓을 수 있는 방법이 필요했다. 이를 위해 미백 프로젝트 개발자들은 P&G 계열사의 관련 부서에 도움을 요청했다.

당시 P&G의 주방용 랩 연구실에는 투명 접착식 필름이 개발되어 있었는데, 이 필름에 미백용 젤을 입혀 치아에 붙일 수 있도록 만들었던 것이다. 그리고 과산화수소가 잇몸에 닿음으로써 부작용이 발생하지 않도록 하는 문제도 해결되었다. 다시 말해, 화이트 스트립스는 치아를 하얗게 만드는 가장 확실한 방법이었던 것이다.

화학자이자 P&G의 연구원이었던 폴 세이젤Paul Sagel은 2004년에 〈전략과 혁신Strategy & Innovation〉이라는 논문에서 다음과 같이 말했다. "필름이라는 아이디어가 갑작스럽게 떠오른 것이기는 하지만, 지금까지 회사에서 추진해 온 업무 시스템이 우리가 좋은 아이디어를 낼 수 있는 환경을 만들어 주었다. 주방용 랩 연구에서 발전한 딤플링 기술dimpling technology은 젤이 필름에 접착된 상태에서 치아에 장시간 붙어 있도록 하는 것을 가능하게 만들었다. 그리고 평평한 필름보다 이물감도 적었다."20

이러한 사례가 P&G에서는 가능한 일이었지만, 대부분의 기업이나 조직에서는 분야를 초월한 과학적 지식을 공유함으로써 얻을 수 있는 이익을 누리지 못하고 있는 것이 현실이다. 또한 이들은 P&G만큼 대기업도 아니며 다각화된 분야를 가지고 있지도 못하다. 만일 대기업이 다각화된 분야로 구성되어 있다고 해도 한 분야에 적용되는 기술들을 어떻게 다른 분야에 적용할 수 있는가? P&G의 경우, 개발자들은 화이트 스트립스를 개발 과정에서 힘겹게 극복해야 할 기술적 문제를 해결하기 위해 트리즈를 이용했다.

앞에서 우리는 트리즈가 '창의적 문제 해결 이론'을 뜻하는 러시아어의 두문자임을 살펴보았다. 하지만 입증된 이론이라는 이름과 달리 트리즈는 이론과는 거리가 멀다. 즉 단순한 이론이 아닌 전 세계의 혁신적인 기업들이 이용하는 세계적 수준의 실행 방법인 것이다. 트리즈를 이용하는 기업으로는 P&G, 보잉, 지멘스, 3M, 휴렛팩커드, 엘리 릴리, 허니웰, 나사, 도요타, 인텔, 존슨&존슨, 모토롤라 등이 있다.

하지만 트리즈는 산업과 기업의 전 분야에 걸쳐 이용될 만큼 널리 확산되어 있으면서도 상대적으로 덜 알려진 방법론이다. 이는 트리즈가 혁신적인 문제 해결력을 가지고 있음에도 불구하고 본질은 추상적이기 때문이다. 또한 아직까지도 비즈니스의 세계가 체계적인 혁신을 수용할 수 있는 단계에 이르지 못했기 때문이기도 하다.

우리에게 컨설팅을 의뢰한 여러 기업에서는 트리즈가 다른 혁신 기법들보다 더 효과적이었다는 반응을 보였다. 이는 개인적인 창의력 기법에 의해서 나온 아이디어와 트리즈를 이용해서 나온 아이디어가 다르기 때문이다. 기업 내에서 혁신을 책임지고 있는 전문가들은 개인적인 아이디어에 트리즈를 적용함으로써 역사상 위대한 발명가들의 아이디어와 견줄 수 있는 정도에 이르게 된다.

트리즈가 복잡한 혁신 장애물들을 극복하기 위해 더 많이 이용될수록 더 많은 비즈니스 리더들이 트리즈의 힘을 인식하고, 연계되어 있는 분야에 트리즈를 더 확산시켜 실행하고 있다. 일례로 한 상품 포장 기업이 2,000명의 직원들에게 트리즈의 활용 방법을 훈련시켰는데, 5년 뒤 특허 상품이 300%나 증가했다고 한다. 또한 새로운 고객들의 요구 유형을 정립하고, 경쟁사들이 장악하고 있던 시장 점유율을 획득하는 성과를 얻었다.[21] 이 기업에서 개선된 연구 개발의 생산성은 혁신의 원동력이 되어서 구성과 훈련, 평가의 기능을 하고 있는 것이다.

트리즈를 이용하는 기업들

- 에이번 Avon
- BMW
- 보잉 Boeing
- 보든 Borden
- 케이스 Case
- 캐터필러 Caterpillar
- 클로록스 Clorox
- 커민스 Cummins
- 다임러-크라이슬러 Daimler-Chrysler
- 데이터카드 Datacard
- 델파이 Delphi
- 다이얼 Dial
- 듀퐁 Dupont
- 일렉트로룩스 Electrolux
- 엘리 릴리 Eli Lilly
- 포드 Ford
- 후지쯔 Fujitsu
- 제너럴 모터스 General Motors
- 하이델베르크 Heidelberg
- 히타치 Hitachi
- 하니웰 Honeywell
- HP
- IBM
- 인텔 Intel
- ITT

- 존슨&존슨 Johnson&Johnson
- 킴벌리 클라크 Kimberly-Clark
- 코닥 Kodak
- LG
- 록히드 마틴 Lockheed Martin
- 맥도넬 더글라스 McDonnell Douglas
- 모토롤라 Motorola
- 나사 NASA
- NFC 일렉트로닉스 NEC Electronics
- 화이자 Pfizer
- 필킹톤 Pilkington
- P&G Procter&Gamble
- PSA 푸조 글라치오 PSA Peugeot Glacio
- 레이시온 Raytheon
- 록웰 Rockwell
- 롤스 로이스 Rolls Royce
- 삼성
- 산요 Sanyo
- 사라 리 Sara Lee
- 쉘 Shell
- 지멘스 Siemens
- 질레트 The Gillette Co.
- 도요타 Toyota
- USPO
- 제록스 Xerox

삼성종합기술원은 트리즈 팀 활동을 통해서 9,120만 달러의 비용을 절감하는 혁신 효과를 거두었다.[22] 또 다른 기업들

역시 '구조화된 혁신 사고' 내지는 '체계화된 혁신'이라는 이름으로 트리즈와 유사한 혁신 방법들을 도입하고 있다.

일례로, 회로 기판 생산 기업은 실패 가능성을 없앨 수 있는 새로운 표면 실장 기술을 만들기 위해 트리즈 과정을 이용함으로써 첫해에 9백만

트리즈가 이용된 프로젝트들

- 국제 우주 정거장
- 자가 발열 용기
- 트라이던트 미사일 Trident Missile
- 씨울프 잠수함 SeaWolf submarine
- 카시니 인공위성 Cassini satellite
- 프리우스 하이브리드 자동차 Prius hybrid car
- 인텔의 CPU 칩의 열 발산
- 인텔의 기판 조립
- 록히드의 발사용 로켓
- 명왕성 탐사선
- 델타 Delta의 발사용 로켓
- 연료 전지
- 봉합술
- 혈액 추적 장치
- 디스크 드라이브 연구
- 자가 발열 보온 장치
- 군인들을 위한 식량 가열 장치

달러를 아낄 수 있었다. 그리고 이를 위해 이 기업은 '곡선화 spheriodality'라는 트리즈의 창의적 혁신 원리를 응용했다. 철강 생산 기업의 또 다른 트리즈 수행 과제는 트리즈의 분리 법칙의 일부를 이용하여 생산품의 부품을 바꿈으로써 2천만 달러의 비용을 아낄 수 있었다.

흥미롭게도 트리즈는 정보 보안 업체의 경영진들에게 플

랫폼의 변화를 창출하는 데 이용되었다. 그리고 이 업체는 성능 개선의 혁신을 통해 연간 2천5백만 달러의 비용을 절 감할 수 있게 되었다.

지금까지는 전술적으로 트리즈에 기초한 해결책을 적용한 특정 사례들만을 살펴보았다. 그러나 전략적인 사업의 비즈 니스 리더들은 여러 세대에 걸쳐 경쟁력을 가질 수 있는 제 품Multi-generation product을 개발하기 위해 여덟 가지의 트리즈 발전 유형 중 한 가지를 이용하고 있다. 전술적인 트리즈의 세부적인 사항들은 2부에서 확인할 수 있으며, 전략적인 트 리즈의 세부 사항들은 3부에 수록되어 있다.

더 나아가 발라드 파워 시스템스Ballard Power Systems는 더 효 율적인 연료 전지를 발명하기 위해 트리즈를 이용했다. 그 덕분에 연료 전지의 효율성을 25%나 향상시킴으로써 이용 자들이 약 1,100만 달러를 아낄 수 있는 결과를 가져왔다. 역사적으로 보통의 연료 전지는 전력 에너지를 유지하기 위 해 배수 장치가 마련되어 있어야 한다. 그러나 몇 가지 시행 과정을 통해 물 없이도 연료 전지를 이용할 수 있게 되었고, 물이 없어짐에 따라 배수 장치도 필요 없게 되었다.

발라드 사가 더 나은 연료 전지를 만들기 위해 겪어야 했던 도전은 바로 기술적 모순에 있었다. 엔지니어들은 전지에서 물을 제거하고 싶었지만, 수로에 물이 가득 차 있는 상태에서는 물을 빼낼 수가 없었다. 그렇다면 물이 가득 차 있는 상태에서도 물을 제거할 수 있는 전지를 만들기 위해서는 어떻게 해야 할까? 이에 대해 트리즈 과정을 거친 뒤 발라드 사는 문제 해결을 위해 '비대칭'이라는 발명 원리를 이용했다.

당신은 아마도 '스터노Sterno'라는 상표가 붙은 캔에 대해 들어본 적이 있을 것이다. 스터노는 변성 알코올과 물, 젤 혼합물을 연소시켜서 음식이나 다른 것들을 따뜻하게 유지하는 시스템이다. 젤을 혼합하기 전 액체 상태일 때는 혼합물이 흘러 불이 붙을 위험성을 지니고 있었다. 때문에 상품을 좀 더 안전하고 관리하기 쉽도록 젤을 추가하게 되었고, 이것이 바로 스터노 기술의 기초가 된 것이다.

그러나 스터노는 본래의 캔을 대체할 상품이 필요하게 되었고, 트리즈를 통해서 '스터노 플레임리스 히트 시스템'이라는 이름의 발열 주머니를 기획했다. 이 주머니는 앞서 말한 캔과 같은 기능을 가지고 있지만, 발열 소재가 금속 주머니에 담겨 있어서 끈을 잡아당기면 열이 발생하는 구조로 이루어져 있다. 이와 같은 발열 시스템이 등장하면서 성냥이나 라이터가 더 이상 필요 없게 되었고, 사용자가 불꽃에 노출되는 일도 없어졌다. 스터노의 홍보물에는 다음과 같은 문구가 포함되어 있다. "스터노는 전에는 상상하지도 못했던 곳에 뜨거운 음식을 가져갈 수 있도록 고안된 세계 최초의 자가 발열 시스템이다."

우리가 획기적인 상품들을 자세하게 설명했기 때문에, 이 기업들이 기초적인 과학 지식을 바탕으로 이런 놀라운 상품들을 만들어 냈다고 생각할 수도 있다. 하지만 절대로 그렇지 않다는 것을 알아 두어야 한다. 수많은 혁신가들이 알고 있듯이, 획기적인 상품과 절차를 만들어 내는 업무는 그들이 알고 있는 모든 전문 지식을 총동원한다 해도 결코 쉬운 일이 아니다. 그리고 트리즈를 이용한 후 많은 사람들이 혁신에 관한 중요한 통찰력을 갖게 되었다. 아는 것에서 알지 못하는 것으로 다리를 건너가는 것은 결코 쉬운 일이 아니지만, 혁신을 위해서는 반드시 필요한 일이라는 것이다.

앞으로 설명할 내용 중 '14. 개선으로는 도저히 할 수 없는 일'에서는 자가 발열 장치가 〈포춘〉이 선정한 '2005년 최고의 혁신 상품 25가지'에 선정되는 데 트리즈가 어떤 역할을 했는지에 대해 더 깊이 살펴볼 것이다. 그리고 트리즈를 통해 해결된 400여 가지의 기술적 문제들에 대해서도 자세하게 설명할 것이다. 그리고 이런 정보와 함께 트리즈가 어떻게 효과를 발휘하며, 왜 모든 기업이 실행해야 하는 필수적인 수단인지를 더 깊이 이해할 수 있을 것이다.

우리가 이 책을 통해 주목하고자 하는 문제는 다음과 같다.

거의 모든 혁신 방법들은 더 많은 아이디어가 더 좋은 것이라는 잘못된 믿음에서 비롯되어, 결국 자유로운 브레인스토밍과 발산적인 창의력으로 결론지어진다는 것이다. 그러나 실제로는 아이디어가 많을수록 더 낫다고 볼 수 없다. 아이디어가 많을수록 정작 필요한 한 가지 해결책을 구하는 데서는 점점 멀어질 수밖에 없기 때문이다. 따라서 필요한 해결책을 얻는 방법은 '강제적인 브레인스토밍'과 '수용적인 창의력'을 이끌어 내는 것이다. 이것이 바로 트리즈가 하는 역할이다. 트리즈는 획기적인 성과를 얻기 위한 실행 가능한 혁신을 빠르게 달성하는 데 필요한 구조와 절차, 가이드, 수단을 제공하는 것이다.

여기서 트리즈에 대해 간략히 소개하기는 했지만, 이 책의 각 타이틀마다 트리즈에 대해 더 자세한 설명을 할 것이다. 그리고 트리즈를 통해 당신이 아는 것과 하는 일을 넘어 아직 알지 못하는 것과 하지 않고 있는 일에 가장 빠르게 이르는 것이 가능한 이유와 방법에 대해 가르쳐 줄 것이다.

기업들은 상식이나 경험, 지혜, 팀워크와 같은 것들을 통해 해결할 수 없는 다양한 문제들을 접하게 될 때, 6시그마와 같은 문제 해결의 수단들을 이용한다. 그리고 다른 해결책들이 소용이 없거나 문제점 해결의 모든 단계에 적용할 수 있는 절차를 개선하기 위해 6시그마를 이용하기도 한다. 만일 당신이 비즈니스 리더이고 직원들에게 개선된 기술을 가르치고 싶다면, 아마도 그들에게 6시그마를 가르치려 할 것이다. 이 접근 방법이 가장 쉬운 문제뿐만 아니라 가장 어려운 문제까지 모두 해결할 수 있다고 생각하기 때문이다.

하지만 최근에는 삼성이나 그 외의 기업들에서 혁신에 관한 일반적인 내부 문제의 해결책으로서 트리즈를 받아들이고 있다. 물론 다양한 방법들이 있지만, 경험적 과학과 입증된 성과를 내포하고 있다는 점에서 트리즈가 최고의 방법이라 할 수 있다.

6. 심리적 타성이 혁신의 가장 큰 적이다

트리즈라는 주제를 직접적으로 다루기 전에 먼저 1부에서 정의한 심리적 타성의 개념을 되돌아보는 것이 중요하다. 우리는 이제까지 거의 모든 혁신 방법들이 수용적 사고와 브레인스토밍 방법에 기초하고 있으며, 브레인스토밍은 이미 알고 있는 것에 한해서만 도움을 줄 수 있다고 강력하게 주장해 왔다. 또한 이 방법들이 제한적인 이유는 혁신의 본성이 모르는 것을 발견하는 데 있기 때문이라고 언급하기도 했다. 아는 것에서 모르는 것으로 나아가는 것은 마치 넓고 물살이 센 강을 다리 없이 건너는 것과 같다. 하지만 트리즈가 바로 그 다리 역할을 해 줄 것이다.

트리즈는 특별한 재능과 능력을 지닌 사람들이 새로운 전략과 상품, 서비스를 얼마나 빠르고 효과적으로 구성할 수 있는가에 대한 의문을 제기한다. 이에 대해 우리는 대부분의 비즈니스 리더들이 혁신에 투입되는 비용의 투자 대비 효과에 만족하지 못한다는 것을 잘 알고 있다. 그리고 이러한 사실은 최근의 혁신 기법들이 트리즈만큼 유익함을 제공하지 못한다는 인식을 갖게 만든다. 이러한 생각을 하는 이유는 기존의 혁신 기법들이 모두 심리적 타성에 기반을 두고 있기 때문이다. 만약 기업의 내부 개발 팀에서 실행하는 혁신 방법들이 전략적 혁신의 기능을 수행한다면, 굳이 외부 컨설턴트의 도움을 받지 않아도 된다.

심리적 타성은 한 사람의 지성과 감성, 학력과 경험, 그 외의 다른 요소들이 복합적으로 작용해서 형성된다. 이때 당신이 누구이고, 무엇을 알고 있으며, 당신의 지식을 다른 사람들의 지식과 비교했을 때 얼마나 빈약한지는 상관이 없다. 세상에는 250여 가지가 넘는 창의적 생각과 관련된 기법들이 존재하는데, 대부분은 이미 알고 있는 것들을 구체화하는 기능을 할 뿐, 모르는 것을 발견하는 것과는 거리가 멀다.

이것이 바로 미래에 필요한 것들을 제공할 수 있도록 가장 똑똑하고 가장 창의적인 사람들을 고용해서 혁신을 실행하도록 하는 이유다. 이러한 시스템 속에서 당신은 혁신을 실행하는 직원들과 함께 심리적·감정적 혁신 기법에 기초한 250여 가지의 방법 중 한 가지를 이용해서 인재를 키워낼 수 있는 기회를 최대로 활용하게 된다.

다시 말해, 만일 최근의 혁신 기법들이 똑똑한 사람들의 머릿속에 들어 있는 지식에만 한정되어 있다면, 가능한 한 똑똑한 사람들을 더 많이 고용할 수 있는 훌륭한 전략적 감각을 키우게 될 것이다. 그리고 이들이 기업의 수익을 창출할 수 있는 아이디어를 내놓을 때, 그에 대한 보상을 해줄 수 있다.

이것이 바로 열정을 가지고 특허를 만들어 내는 우수한 혁신 전문가들을 향해 혁신의 물결이 흘러가는 이유다. 이들은 500개 특허 클럽과 1,000개 특허 클럽이 있는 IBM과 같은 기업에서 영웅적인 대접을 받을 것이다. 우리는 혁신가들이 어떻게 혁신을 하는지, 심지어 그들이 무엇을 하는지조차 이해하지 못한다. 하지만 우리는 그들을 지적 자산의 지주로서 존경하고 있다. 그렇다. 트리즈와 함께하면 구조화된 시스템이 없는 상태에서도 혁신을 수행할 수 있고, 트리즈를 이용해서 더 많은 내부적 혁신을 이룰 수 있다.

[그림 6-1]의 벤다이어그램은 심리적 타성을 벗어나 아이디어를 창출하는 방법의 실체를 보여준다. 전체적인 혁신의 기회는 '실질적 한계 영역Real Boundary Constraints'으로 불리는 커다란 원 내에서 일어나고 있음을 기억하라. 이는 혁신의 문제를 해결하는 방법은 당신이 알고 있는 것과 모르는 것을 모두 포함하는 전체 영역에서 일어난다는 것을 의미한다. 당신이 유념해야 할 또 다른 부분은 여러 개의 타원이 교차하면서 어둡게 표현된 곳으로, 이것은 당신의 개인적 편견(지적, 감성적, 경험적 편견)들이 교차하는 지점이다. 이 지점들이 서로 교차하면서 그 범위가 넓어질수록 혁신을 위한 기회의 공간은 상대적으로 더 좁아지게 되고, 특히 혁신이 일어날 수 있는 진정한 한계 영역은 더욱 줄어들게 된다.

이것이 바로 우리가 상자 밖에서 사고하는 방법에 대해 이야기하려는 진정한 이유다. 그림 속의 어두운 부분이 바로 상자인 것이다. 당신은 지금까지 받은 교육과 과거의 경험, 신념과 지식으로 인해 이 상자 속에 갇혀 있는 것이다. 이 부

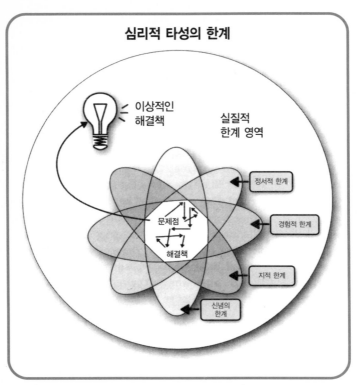

심리적 타성의 한계

이상적인
해결책

실질적
한계 영역

정서적 한계

경험적 한계

문제점

해결책

지적 한계

신념의
한계

[그림 6-1] '개인적 한계 영역(personal boundary constraints)'은 '창의적으로' 문제를 해결하기 위한 방법이 담겨 있는 작은 상자의 형태로 표현된다. 하지만 진정한 창의력과 혁신적 문제 해결을 위한 이상적인 해결책은 상자 밖에 존재한다.

분은 애매모호함과 불확실함, 그리고 의심을 뜻한다. 쉽게 말해서 다른 사람들이 각자의 편견을 가지고 있는 것처럼 당신 역시 수많은 선입견을 가지고 있는 것이다. 하나의 의견이나 해결책에 수많은 전문가들이 참여하는 델파이Delphi 기법과 같은 접근 방법은 문제 해결 능력을 키우기 위해 고안된 것이다. 하지만 그럼에도 불구하고 모든 이들이 생각하고 신뢰하는 것을 담은 가장 낮은 수준의 평범한 방법으로 전락하고 있다. 더 많은 사람들이 모일수록 더 좋은 아이디어와 해결책이 나온다는 희망에도 불구하고, 실제로는 획기적인 아이디어를 도출해 내기보다는 오히려 집단적 사고에 그치는 경우가 더 많다.

우리는 언젠가 새로운 의료 장비를 개발 중인 15명의 전문가들과 회의를 한 적이 있다. 이들은 자신들의 전문 분야에서 경력을 쌓아 온 의사와 변호사, 통계학자, 과학자, 기술자 등으로 구성된 인상적인 팀이었다. 이 팀의 몇몇 사람들은 사업과 관련된 기술적 영역에서 다양한 특허를 보유하고 있었다. 때문에 이들이 더 싸고 더 좋은 방법으로 새로운 의료 장비를 제공하기 위한 수단을 찾고 있다는 것은 그다지 놀랄 일이 아니었다. 만약 어디선가 획기적인 것을 발견해 낸 팀이 있다면, 이들이 바로 그러한 팀의 구성원이라 할 수 있을 것이다.

극소량의 전기만으로도 조작할 수 있는 첨단 장비를 만들기 위해 다양한 아이디어를 나누고 토론하는 학자들과 엔지니어들로 구성된 이 팀을 관찰한 사람이라면, 누구나 깊은 감명을 받을 것이다. 다시 말해, 모든 논의가 현재의 상품을 더 작고 더 효율적으로 만들겠다는 생각이 상자 주위를 맴돌다가 아주 재미있는 아이디어로 떠오른 것이다. 그리고 현재의 방법대로 조작하되, 아주 적은 양의 전기만으로도 움직일 수 있는 장비를 만들기 위한 아이디어들을 하나로 모았다.

하지만 어떻게 이런 일이 가능한 것일까? 기존 장비에 비해서 1%의 전기만으로 작동이 가능한 장비를 어떻게 만들어 낼 수 있었을까? 우리는 여기에서 사업상의 기밀을 공개할 수는 없다. 하지만 한 가지 분명한 것은 트리즈의 문제 해결 프로세스를 이용했고, 장비의 본래 목적에 대해 의문을 갖지 않았다면 새로운 장비는 탄생하지 못했을 것이다. 이 팀은 트리즈를 이용해서 단 네 시간 만에 특허 신청을 할 수 있는 15가지의 새로운 기술을 만들어 냈다. 그리고 새로운 기술 가운데 몇 가지는 기존의 장비와 비교했을 때, 전력 소비를 획기적으로 줄일 수 있는 방법이 담겨 있었다. 뿐만 아니라 다른 몇 가지는 장비의 이용 목적을 달성하기 위한 전혀 새로운 접근 방법을 포함하고 있었다.

무엇보다도 이 팀은 심리적 타성을 버렸다. 지식이라는 상자 속에서 혁신을 지속적으로 실행함으로써, 아는 것에서 모르는 것으로 여행을 떠났던 것이다.

[그림 6-1]의 벤다이어그램을 다시 한 번 살펴보면, 모든 혁신 관련 문제들을 해결하기 위한 '이상적인 해결책'은 일반적으로 구성원이나 팀에서 생각하는 상자 밖에 존재한다는 것을 알 수 있다. 따라서 트리즈 프로세스의 적용을 통한 이론적 접근 방법을 이용하지 않는다면, 문제 해결을 위한 최상의 해결책을 발견할 가능성은 상당히 줄어들게 된다. 물론 그림에서 볼 수 있는 것처럼 트리즈를 이용하지 않고도 해결책을 찾을 수는 있겠지만, 그 해결책은 '최상의' 해결책이 될 수 없다.

트리즈를 이용하지 않고도 혁신적이라고 생각되는 해결책들을 찾을 수는 있다. 하지만 혁신적일 것이라고 생각되는 해결책들도 사실은 기존의 해결책을 조금 개선한 것에 불과하다. [그림 6-1]에서 본 것처럼 개인적인 편견이 교차하는 불분명한 회색 영역 속으로 들어가 그 안에 무엇이 들어있는

지를 보기 위해서는 그에 합당한 동기가 필요하다. 그 회색 영역 속에는 혁신이라는 악마가 살고 있기 때문이다. 사회, 정치 풍자 만화가인 월트 켈리Walt Kelly는 자신의 가장 유명한 만화책 중의 하나인 〈포고Pogo〉에서 "우리의 적은 바로 우리 자신이다."라고 말한 적이 있다.

나의 적이 바로 나 자신이듯, 때로는 획기적인 발견과 변화가 바로 내 생각의 한계에서 비롯되는 경우가 있다. 어떤 기업이든 이와 같은 사실을 인지하고 직원들에게 장려해야 하지만, 모험적인 아이디어와 방법을 적극적으로 받아들이려 하지 않는다. 아무튼 트리즈에 대해 자세히 살펴보기 전에 고전적인 영역에서 혁신이 일어나는 방법에 대해 알아보기로 하자.

'유레카 현상eureka phenomenon'은 우연한 사건에서 혁신적인 방법을 찾아내는 것을 말한다. 예를 들면, 우연히 초콜릿이 땅콩 버터 속에 빠져서 더 맛있는 초콜릿을 먹게 되는 경우이다. 고대 그리스의 수학자인 아르키메데스가 욕조에 몸을 깊이 담글수록 더 많은 물이 흘러넘친다는 것을 알게 된 것과 같은 원리다. 이러한 사실을 발견했을 때, 아르키메데스는 벌거벗은 몸으로 "유레카!"라고 외치며 시라큐스 거리를 뛰어다녔다고 한다. 이러한 아르키메데스의 일화를 좋아하는 사람들이 많은데, 그의 일화를 통해서 혁신이 어떻게 일어나는지를 쉽게 이해할 수 있기 때문이다. 당신도 아르키메데스처럼 전혀 기대하지 않았던 결과를 얻을 수 있다. 하지만 그러한 결과가 지속적으로 나올 수 있느냐는 것과는 전혀 상관이 없다. 왜냐하면 당신은 이미 다음 빅 아이디어를 얻을 수 있는 단계로 들어섰기 때문이다.

다음으로는 무엇을 하고 있는지 전혀 알 수 없는 수수께끼 같은 사람이 뛰어난 혁신 능력을 발휘한다는 '불가사의 이론enigmatic theory'이 있다. 이들은 기업의 어둡고 무서운 블랙박스 속에 살면서 기업이 필요로 하는 것을 발견했을 때도 어둠 밖으로 나오는 법이 없다. 수수께끼로 가득한 세상의 시각을 현실로 만드는 것은 바로 이처럼 신비에 둘러싸인 사람들을 고용하는 시장 경제다. 기업은 블랙 박스가 어떻게 돌아가는지를 확인하는 것에는 관심이 없다. 뿐만 아니라 그 안에 사는 사람들도 자신들이 하는 일에 대해 말해주는 것은 고사하고 당신이 블랙박스를 기웃거리는 것도 허용하지 않을 것이다.

혁신에 대한 또 다른 시각은 '예상치 못한 축복unpredictable

blessing[*]으로서, 전혀 예상하지 못했던 곳에서 혁신이 이루어지는 것이다. 예를 들면, 아이작 뉴턴은 만유인력의 법칙을 발견하기 전까지 그 유명한 사과나무 밑에 앉아서 사과가 떨어지기를 기다렸을 것이다. 그리고 사과가 떨어지고 나서 지구의 중력을 인식할 수 있게 된 것이다. 이 이야기 역시 뉴턴의 일화에 불과하지만, 혁신이나 창조적인 아이디어가 나오는 원인을 설명하는 데 적합하다는 이유로 뉴턴의 일화를 좋아하는 사람들이 많다.

사람들이 혁신을 수행하는 방법에 대한 또 다른 개념은 바

트리즈의 창시자
겐리히 알츠슐러 GenrighAltshuller(1926~1998)

겐리히 알츠슐러는 러시아의 바쿠에서 1926년에 태어났다. 알츠슐러는 14세가 되던 해에 과산화수소에서 산소를 추출해 내는 해저 다이빙을 위한 장치를 발명했다. 그리고 1941년에 해군 학교에 들어가 9학년을 마친 알츠슐러는 정부의 방침에 따라 군사 의료 학교에 입학하게 되었다.

이곳에서 그는 2차 세계 대전 이후 특허 조사관으로 임명되었으며, 1946년에는 트리즈에 관한 첫 번째 논문을 발표했다. 계속해서 발명을 위한 구조화된 패턴을 발견하기 위해 끊임없는 열정을 보이던 알츠슐러는 특허에 대해 좀 더 깊은 연구를 진행하기 위해 재단을 설립했다.

당시 소비에트 정부는 미국에서 새로운 산업 장비를 도입하는 조건으로 독일의 발명 특허 정보를 미국에 제공하는 것에 동의한다. 알츠슐러는 즉각 동의서 비준을 날카롭게 비판하면서 독일의 특허는 가치를 따질 수 없을 만큼 귀중하지만, 미국에서 도입한 산업 장비는 20년만 지나면 무용지물이 될 것이라고 주장했다. * 오른쪽으로 연결됨

격분한 알츠슐러는 자신의 이 같은 신념을 편지로 작성해서 스탈린에게 전달했다. 이로 인해 그는 정부 정책의 반대자라는 혐의로 25년 형을 선고받았지만, 스탈린 사후 1년 뒤인 1954년에 석방되었다.

감옥에 있는 동안 알츠슐러는 계속해서 트리즈의 개념을 발전시켜 나갔고, 감옥에 투옥된 수십 명의 과학자, 지식인들과도 의견을 나누었다. 그는 석방된 후에도 수십 년 동안 연구를 계속했다. 그 시기에 알츠슐러는 트리즈와 트리즈의 변형인 알리츠(ARIZ ; 76개의 표준화된 해결 방법), 그리고 진화의 여덟 가지 패턴에 관해 수많은 저서와 논문을 발표했다.

트리즈가 구소련 연방을 벗어나 전 세계의 과학자와 엔지니어들이 이용하게 된 것은 10여 년 밖에 되지 않았다. 이러한 이유로 대부분의 창의적인 혁신가들은 트리즈가 이제 겨우 걸음마 단계에 있다고 생각한다. 그러나 우리는 트리즈에 지난 100년의 성과를 뛰어넘는 혁신의 황금기를 창조할 수 있는 잠재력이 있음을 확신한다.

로 '시행착오trail and error' 이다. 이 방법은 경험으로부터 결과를 이끌어내며, 정립된 로드맵이 없는 상태에서 효과가 높은 과학적 방법으로 널리 받아들여지고 있다. 만일 당신이 새로운 분야를 개척하려 한다면, 시행착오 대신 어떤 방법을 이용할 수 있겠는가? 이에 대한 해답은 잠시 후에 살펴보기로 하자.

사람들은 자신들의 평범한 능력으로 인해 시행착오와 심리적 타성 접근 방법이 인간의 심리와 어떻게 연결되어 있는지를 잘 알고 있다. 하지만 무엇보다도 혁신은 일회성으로 이루어지는 것으로, 매일 일어나는 일이 아니다. 또 사람들이 매일같이 혁신을 이룰 수 있는 것도 아니다. 이런 전형적 생각을 가진 사람들은 자신들의 지적 자산에만 의존하는 뛰어난 개인들만이 새로운 이익을 얻기 위한 길을 찾는 데 열중한다고 이야기한다. 다음 글에서는 왜 이 접근법이 가끔은 효과적임에도 불구하고 구조화된 지속적 혁신 문화를 형성하는 데 가장 큰 장애물이 되는지에 대해 살펴보기로 하자.

7. 전술적 트리즈의 방법론 : 트리즈를 창안한 러시아 인

뛰어난 엔지니어들 이전에 이미 수많은 혁신가들이 있었고, 그들 모두는 공인된 특허를 보유한 사람들로서 훌륭한 업적을 남겼다. 이들의 특허는 셀 수 없이 많은 분야에 수백만 개가 존재하는데, 각각의 특허는 유형별로 분류되어 진화로 이어질 수 있도록 네트워크를 형성하고 있다. 만약 당신이 비즈니스 리더라면, 이러한 특허들의 유형과 이루어진 혁신을 통해 무엇을 배울 수 있는지 알고 싶을 것이다.

그렇다면 당신은 혁신을 이루기 위한 지렛대로서 과거의 혁신을 통해서 배울 수 있는 교훈을 어떻게 활용할 것인가?

어떤 지식을 이용해서 조직의 심리적 타성을 극복할 수 있을까? 어떻게 하면 혁신의 규모와 예측성을 강화할 수 있을까? 이러한 의문들은 전 세계가 전쟁의 상흔에서 막 회복되던 1946년에 연구를 시작한 러시아의 엔지니어 겐리히 알츠슐러의 생각에서 비롯되었다. 알츠슐러는 엔지니어들이 부딪치는 문제의 90% 이상은 이전에 어디선가 해결된 적이 있을 것이라고 생각했다. 또한 그는 만약 그렇다면, 자신의 사고

트리즈의 전략적 방법론

우리는 혁신이 모델화가 가능하고, 평가와 계획을 수행할 수 있으며, 실행 방법이 있다는 것을 말하고 싶다. 뿐만 아니라 혁신은 체계적이고 지속적으로, 그리고 구조화된 방법으로 이루어 낼 수 있다. 우리가 사용하는 로드맵은 DMASI(정의, 모델, 추상화, 해결, 실행)이다. 이것이 어떻게 효과를 발휘하는지 살펴보자.

정의Define : 수행할 과제에 대한 문제점과 시스템을 정의하고 조사한 다음, '이상적인 해결책Ideal Final Result, IFR'은 '이상성 방정식 Ideality Equation'의 내용에 기초하여 공식화한다. 리소스 모델은 DMASI 과정을 통해 활용하기 위한 기준으로 체계화한다. 또한 다양한 설계상의 과제들은 모순의 관점에서 구조화한다. 마지막으로 재무 분석은 프로젝트를 통해 예상할 수 있는 최종 이익을 추산해 본다.

모형Model : 과제 해결을 위한 시스템은 '기능 모델링Function Modeling'과 '물질장 모델링 Substance Field Modeling'을 이용해서 모형화한다. 기능 모델링은 시스템 내에서 각 기능들이 어떻게 모순을 만들어 내는지, 어떻게 이를 해결할 수 있는지를 이해할 수 있게 해준다. 이 단계에서 기술적 문제들은 트리즈의 76가지 '표준 해결책'을 이용해서 해결되는 경우가 많다.

범위를 넘어서는 새로운 아이디어나 다른 사람의 아이디어

추상화Abstract : 추상적 사고를 이용하면 트리즈 실행자들은 이전의 두 단계에서 해결할 수 없었던 문제들을 해결할 수 있게 된다. 기술적 모순들은 알츠슐러의 모순 해결 매트릭스 contradiction matrix에 대입해서 적용 가능한 발명 원리를 도출한다. 또한 이 단계에서 트리즈를 실행하는 사람들은 네 가지 구별의 원칙을 통해서 물리적 모순의 해결 방안을 추상적으로 상상해 볼 수 있다.

해결Solve : 추상화 단계에서 도출된 아이디어들을 평가 중인 특정 문제의 해결 방안이 될 수 있는지 구체화하고 검증해 본다. 이 단계에서도 추상적 사고 능력이 중요하다. 또한 개념 선택 기법을 활용해서 가능한 해결 방안이 무엇이 있는지 확인할 수도 있다.

실행Implement : 실행 계획을 수립한 후 해결 단계에서 선택한 해결책을 실행하게 된다. 이를 통해 문제점이 제거되거나 새로운 성과가 나오게 된다. 이렇게 되면 해결책의 투자 대효과ROI는 초기의 정의 단계에서 예측했던 가치와 비교해 볼 수 있다.

를 참고해서 문제를 해결할 수 있을 것이라고 생각했다.

이에 대한 해답을 얻기 위해 40년 동안 1,500명의 사람들을 연구한 알츠슐러와 그의 동료들은 전 세계적으로 공인을 받은 2백만 개가 넘는 특허를 조사했다. 이를 통해 그들은 혁신이 무작위적인 방식으로 달성할 수 있는 것이 아니라는 사실을 알게 되었다. 그들은 오히려 혁신은 누구나 배울 수 있는 원리에 의해서 진행된다는 것을 알게 되었다. 물론 기술적인 수준에서는 각각의 특허가 독창적일 수도 있지만, 일반적인 수준으로 볼 때는 문제의 패턴이나 해결 원리에 있어서는 유사성이 많다는 것도 확인할 수 있었다. 이러한 사실은 납득하기 어려울 수도 있지만, 분명한 사실이다. 시간의 흐름과 함께 이뤄지는 수많은 혁신들은 여러 가지의 변수와 원리, 패턴으로 해석하는 것이 가능하다. 알츠슐러가 발견한 모델은 혁신에 도전하는 당신의 의지를 불태우고, 당신의 DNA에 혁신을 위한 창조의 기술을 각인시켜 줄 것이다.

알츠슐러와 그의 동료들은 조사와 분석을 통해 전략적 결정을 돕기 위한 8가지의 진화 패턴과 시스템 내의 기술적인 요소들을 결합시키기 위한 76가지의 표준화된 해결책을 분류했다. 그리고 각각의 문제들을 구체화하기 위한 39가지의 변수와 기술적인 모순을 해결하기 위한 40가지의 발명 원리, 그 외의 다른 발명 이론 및 도구들을 체계적으로 정리했다. 결과적으로 이 모든 수단과 방법들이 바로 트리즈를 구성하는 핵심 요소가 된다.

한때는 천재적인 재능을 가진 사람들만의 세계로 여겼던 발명과 창조의 영역이 다양한 방법론과 도구를 통해 누구나 활용할 수 있는 영역으로 바뀌었다. 창조적 혁신은 이러한 방법론에 기반을 두고, 알츠슐러의 연구 성과를 이용해서 해결 방법을 탐색하는 과정이라고 할 수 있다. 더 이상 제한적이고 복잡한 이론을 이용하거나 우연히 획기적인 생각이 떠오르기를 기다릴 필요가 없어진 것이다.

　이제 마지막으로 당신이 해야 할 일은 혁신을 위한 자신만의 원동력을 만들어 내는 것이다. 즉 시스템적인 프로세스가 없는 상태에서 혁신을 이루어 내는 것은 천재들만이 할 수 있다. 또한 혁신의 비결을 특정인만 알고 있다는 생각도 버려야 한다. 알츠슐러는 혁신이 한 사람의 제한적인 생각을 무한한 가능성을 지닌 생각으로 바꾸어 놓을 수 있다는 것을 입증했다. 혁신을 이루기 위한 통찰력은 타고난 재능이 아니라 배워서 습득할 수 있는 기술인 것이다.

　혹시 당신은 밤에 가로등 아래에서 잃어버린 열쇠를 찾고 있던 한 남자의 이야기를 들어본 적이 있는가? 지나가던 사람이 그 사람에게 왜 계속해서 같은 장소만 찾고 있느냐고 묻자, 그는 이렇게 대답했다. "여기가 가장 밝으니까요." 오늘날의 기업들이 바로 이와 같은 행동을 하고 있다. 알츠슐러는 기업들의 이러한 행태를 잘 알고 있었다. 이것이 바로 알츠슐러가 가로등 불빛이 닿지 않는 곳까지 불을 밝힘으로써, 트리즈라는 밝은 혁신의 불꽃을 모두가 공유할 수 있도록 한 이유다. 트리즈의 빛을 이용하면 누구나, 아니 모든 사람들이 가로등 아래를 벗어나 보다 더 넓은 곳을 볼 수 있다.[23]

알츠슐러의 타고난 감각이나 체계적인 방법으로 혁신의 문제를 해결한 입증된 도구들을 논하는 것은 무의미하다. 하지만 그보다 더 중요한 것은 트리즈가 과학자들과 엔지니어들에게 예상 밖의 획기적인 아이디어를 떠올리게 하거나, 우연히 뛰어난 상품을 발명하게 하는 일 없이도 각 개인이 천재성을 발휘할 수 있는 도구가 되었다는 것이다.

"유레카!"

유레카를 외칠 수 있는 사건이 생긴다는 것은 무척이나 즐거운 일이다. 하지만 좀 더 체계적인 방법으로 획기적인 상품을 고안해 내는 것이 더 좋은 방법이다. 왜냐하면 비즈니스의 핵심도 구조화되어 있기 때문이다. 기업은 항상 계획을 수립하고 예산을 책정하며, 성과를 평가하고 능력을 개발하는 한편, 주주들에게 기업의 미래를 예측하여 제공하고, 예측 가능한 성과를 올리기 위해 여러 가지 활동을 한다. 이러한 이유로 기업에서의 혁신은 신중하게 이루어져야 한다. 그리고 당신은 혁신의 과정을 상세하게 분석해야 할 의무가 있다. 바로 이때 당신에게는 트리즈가 혁신 행동의 기준이며 출발점이 된다. 왜냐하면 트리즈는 모든 장애물뿐만 아니라 하나의 산업과 다른 산업 간의 지식적 거리감을 없애주기 때문이다.

　이와 같은 일을 해낸 사람이 바로 알츠슐러다. 그는 가장 해결하기 어려운 문제를 해결할 수 있는 손쉬운 알고리즘으로 이용할 수 있도록 했고, 가장 어려운 기술적 모순을 해결할 수 있도록 한 것이다. 뿐만 아니라 혁신적인 상품과 서비스도 만들어 낼 수 있게 했다. 트리즈는 편안한 상황에서 해답을 찾기보다 오히려 힘겨운 상황에서 해답을 찾는 것이 더 편안하게 느껴지도록 되어 있다.

8. 완벽함에서 벗어나 이상적인 해결책을 찾아라

트리즈를 비롯해서 어떤 혁신 기법을 활용하더라도, 당신이 가장 먼저 해야 할 일은 자신의 목표를 '정의Define'하는 것이다. 트리즈에서는 이것을 '이상적인 해결책IFR : Ideal Final Result'이라고 한다. 즉 전체적인 혁신의 로드맵뿐만 아니라 혁신을 달성하기 위한 과정을 평가할 수 있도록 측정 가능한 틀을 제공하는 철학적 개념인 것이다. IFR은 문제를 해결하기 위한 완벽한 해결책을 만들어 낼 때 사용된다.

레오나르도 다빈치는 "목적을 갖기 전에 목표를 정의하는 것은 시작하기 전에 그것이 완성될 때의 모습을 미리 생각하는 훈련이다."라고 말했다. 트리즈의 방법론은 당신이 원하는 목표를 정확하게 찾아냄으로써 여기 저기 찔러만 보다가 아무것도 얻지 못하는 결과를 피할 수 있게 해준다. 이러한 관점에서 볼 때 '이상적인 해결책'이 실질적으로 가능한 것인가는 중요하지 않다. 중요한 것은 심리적 타성에서 벗어나 완벽한 혁신을 이룰 준비가 되어 있는가이다.

IFR은 사람들이 '절충안'이라 불리는 평범한 해결책을 찾고자 하는 최근의 접근 방법들을 넘어서는 획기적인 개선 방안이다. 만일 IFR이 설정되지 않았다면 당신은 쉽게 현실과 타협해 버릴 것이고, 또한 혁신의 과정을 평가하고 측정하는 방법도 찾아내지 못할 것이다. 따라서 어떤 혁신 과제든 IFR은 당연히 있어야 하며, 다음과 같은 IFR의 네 가지 기준이 적용되어야 한다. 첫 번째는 IFR이 해결하고자 하는 시스템에 새로운 위험 요소를 만들어 내지 않아야 한다. 두 번째는 새로운 해결책을 적용해도 기존 시스템의 장점이 그대로 유지되어야 한다. 세 번째 기준은 새로운 해결책을 통해서 현존하는 시스템의 단점을 제거할 수 있어야 한다. 마지막 네 번째는 새로운 해결책이 복잡성을 최소화하거나, 적어도 현재의 상태를 유지할 수 있어야 한다.

실제적으로, 모든 혁신 과제의 IFR은 '이상성Ideality' 이라는 측정 기준에 따라 개념화할 수 있다. 여기서 이상성이란 시스템의 유익한 기능을 유해한 기능으로 나눈 몫을 의미한다 ([그림 8-1]을 참조). IFR이 철학적 특징을 가지고 있음에도 불구하고 이상성은 수학적 특성을 가지고 있다. IFR을 달성하는 것은 쉬운 일이 아니지만, 그것을 측정하기 위한 이상성은 실용적인 측정 기준이라 할 수 있다. 그리고 IFR을 달성하기 위한 여러 과정은 실행과 예측이 모두 가능하다.

다시 말해, 트리즈로 문제를 해결하는 과정에서 발전된 개념들은 모두 동일한 것들이 아니다. 그리고 '이상성' 은 모든 혁신 아이디어를 측정하기 위한 기준이자 시스템의 현재 상황과 이상적인 상황 사이의 간격을 좁힐 수 있는 수단이라 할 수 있다. 따라서 현재의 상황과 이상적 상황이 더 가까워질수록 이상성의 효과는 높아진다.

IFR과 이상성 방정식의 개념은 평범한 해결책들을 제거하는 자극제가 되는 매우 중요한 역할을 한다. 따라서 시스템적인 혁신에 반드시 필요한 요소이기도 하다. 만약 당신이 추가적인 비용 지출 없이 유익한 기능을 추가할 수 있고, 유

굿 아이디어에서 빅 아이디어로

이상성 방정식

$$\text{이상성 방정식} = \frac{\sum F_u}{\sum (F_h + cost)} = \frac{(A_{11} + A_{22} + A_{33})}{(A_{12} + A_{13} + A_{21} + A_{23} + A_{31} + A_{32}) + cost\,(DP_1 + DP_2 + DP_3)}$$

설계 방정식

$$\begin{Bmatrix} FR_1 \\ FR_2 \\ FR_3 \end{Bmatrix} = \begin{bmatrix} A_{11} & A_{12} & A_{13} \\ A_{21} & A_{22} & A_{23} \\ A_{31} & A_{32} & A_{33} \end{bmatrix} \begin{Bmatrix} DP_1 \\ DP_2 \\ DP_3 \end{Bmatrix}$$

[그림 8-1] 이상성 방정식에 따르면 모든 유익한 기능의 합을 모든 유해한 기능과 비용의 합으로 나눈 몫이 바로 '이상성'이다.

이상성 방정식의 A는 기능적 필요조건(Functional Requirements), FR과 설계 변수가 각각의 축을 이루고 있는 설계 방정식에서 나온 것이다. 다시 말해, 이상성 방정식의 A는 FR과 DP 사이에서 교차하는 지점을 의미하는 것이다. 물론 이 방법을 이용하면 공리적 설계(Axiomatic Design)의 어떤 영역 구성 요소든지 체계화할 수 있다. 예를 들어, 고객의 요구를 기능적 필요조건으로 바꾸기 위해서 활용하는 설계 방정식을 만들 수 있다.

어떤 경우에 대입하든 설계 방정식의 선형 대수인 A는 이상성 방정식에서 분자가 된다. 모두 대각선으로 1대 1 대응을 이루고 있는 분자 A는 이 공식에서 유용한 함수라고 할 수 있다. 그리고 비선형대수 A는 이상성 방정식의 분모가 된다. 따라서 대각선이 아닌 모양으로 상호 연결되어 있는 분모 A는 이 공식에서 유해한 함수가 된다.

해한 기능을 제거할 수만 있다면 혁신적인 방법을 찾아낼 수 있다.

이것이 바로 트리즈 실천가들이 분자를 최대화하고 분모를 최소화함으로써 이상성을 극대화하려는 목적이다. 그러나 이상적인 것의 실제적 계산이 반드시 필요한 것은 아니다. 왜냐하면 한 가지 문제의 해결로 모든 요소를 해결하기는 어렵기 때문이다. 그리고 분자와 분모의 모든 요소들의 충돌을 완벽하게 분할하는 것 또한 어렵고, 모든 측정의 단위를 수치화하는 것도 어렵다.

하지만 시스템 내의 요소를 분석해 보는 것과 이 요소들이 이상성 비율에 미치는 영향력의 근사치를 구하는 것은 매우 유용하다. 예를 들어, 우리는 대중적인 시스템을 만들기 위해 공리적 설계 기법을 이용했다. 즉 [그림 8-1]처럼 공리적 설계 방정식의 선형 요소들은 분자에, 비선형 요소들은 분모에 대입한 것이다.

9. 모든 자원을 이용하라

이상성IFR을 확인한 뒤에는 자원Resource의 활용을 이해할 필요가 있다. 자원은 최선의 방법으로 현재의 실제 성과와 이상적인 것 사이의 간격을 좁힐 수 있는 수단이기 때문이다. 비록 이런 수단들이 유능한 기술자들은 이미 알고 있는 지식이라 하더라도, 트리즈의 방법들을 이용해서 간과했거나 숨겨졌던 수단들을 발견하는 데 도움을 준다.

트리즈를 이용해서 문제를 해결하거나 혁신을 하기 위해 유용한 자원들을 어떻게 활용하는지 이해하려면 사무실에 있는 쓰레기통을 떠올려 보라. 쓰레기통 안에는 바나나 껍질과 빈 음료수 병, 돌돌 말린 종이 몇 장, 스티로폼 컵, 그리고 플라스틱 쓰레기봉투가 들어 있다. 당신은 이것들을 가지고 무엇을 할 수 있을까? 이것들을 이용해서 가치를 극대화할 수 있는 방법은 무엇일까? 이것이 바로 우리가 트리즈 실천가로서 답해야 하는 질문이다.

"맥가이버라면 이런 것들을 어떻게 활용했을까?"

우선 이상성을 고려해서 자원들을 7가지 유형으로 나누어 보자.

첫 번째 자원은 '물질Substance' 이다. 쓰레기통과 그 안에 들어 있는 내용물을 가지고 무엇을 할 것인가에 따라 이 자원들을 혁신을 이룰 기회로 삼을 수 있다. 당신은 바나나 껍질과 음료수 병 등의 물질을 가지고 있다.

두 번째는 '공간Space' 이다. 쓰레기통과 쓰레기봉투 사이, 컵 속, 빈 병 속, 말려 있는 종이에는 빈 공간이 있다.

세 번째는 물질의 '분야Field' 이다. 하나의 문제를 풀거나 새로운 절차의 적용을 통해 문제를 해결하려면 어떻게든 이 자원들의 분야와 성질을 이용해야 한다. 예를 들어, 바나나 껍질을 화학적으로 혼합하거나 분해해 활용할 수 있을 것이다. 아니면 쓰레기통의 자성을 이용하거나 병 안에 남은 음료수의 화학적 성분을 이용할 수도 있다. 쓰레기봉투에 공기를 넣은 뒤 터뜨려 소리 에너지를 만들어 내는 것은 어떤가? 이 자원들을 어떻게 이용하든 거기에는 분명한 이유가 있을 것이다.

네 번째는 '정보Information'다. 쓰레기통 안의 종이에 적힌 데이터나 음료수 병에 적힌 성분 표시 같은 것을 뜻한다. 이러한 데이터를 통해서 쓰레기통 주인의 식습관에 대한 정보를 얻거나 음료수 병을 계량컵으로 이용할 수도 있다. 예를 들어, 병의 정확한 길이나 병 바닥의 지름을 알고 있다면 이 자원을 측정 도구로 이용할 수 있는 것이다.

다섯 번째는 '기능Function'이다. 쓰레기통을 의자로 이용하거나 다른 사람을 골탕 먹이는 데 바나나 껍질을 이용하는 것, 또는 문을 고정시키기 위해 음료수 병을 이용하는 방법을 예로 들 수 있다. 자원을 이용하는 방법은 이상적인 것에 대한 당신의 생각과 현재 직면한 문제의 상태에 따라 달라진다.

여섯 번째는 '시간Time'이다. 예를 들어, 쓰레기통에는 가득 채워지기 전의 시간, 쓰레기통이 가득 채워지고 있는 시간, 그리고 쓰레기통이 비워진 후의 시간 등이 존재하는 것이다. 당신의 목표를 이루기 위해 이 시간들을 어떻게 활용할 것인가?

일곱 번째는 '사람People'이다. 가장 중요한 자원 유형은 바로 시스템을 관리하는 사람들이다. 특정한 기술을 가지고 있는 사람만이 쓰레기통 속의 내용물들을 활용할 수 있는가? 사람들을 훈련시키는 것은 주위 환경에 긍정적인 효과를 줄 수 있는가? 특정한 작업을 수행하는 사람들을 채용하는 데 이상적인 조건이 있는가?

당신이 가진 7가지 자원들

트리즈에는 혁신을 이루고 이상성을 성취하는 데 도움을 줄 수 있고, 혁신의 길로 나아갈 수 있도록 도와주는 7가지의 자원 유형이 있다.

- **물질**Substance : 고체, 액체 기체와 같은 실제적 요소
- **공간**Space : 물질의 내부와 외부의 빈 공간
- **분야**Field : 기계, 전기, 열역학, 화학, 전자파, 핵
- **정보**Information : 시스템에서 이용 가능한 데이터나 정보 리스트
- **기능**Function : 중요도에 상관없이 시스템이 하는 일
- **시간**Time : 조작하기 전부터 조작한 후까지 걸리는 시간
- **사람**People : 조작 전부터 후까지 관여한 모든 사람들

물론 우리는 특정한 목적 없이 쓰레기통과 그 안의 내용물에 관해 이야기했다. 하지만 향상시켜야 할 특정한 이상성이나 해결해야 할 문제가 있다면 7가지 유형의 자원들을 주의 깊게 관찰해야 한다. 만일 확인한 자원이 무용지물이거나 당

신이 직면한 문제에 적합하지 않다고 생각되면, 유용한 자원이 되도록 조합하거나 분리하고, 변형하는 등의 노력을 기울여야 한다.

10. 모델을 만들어라, 그러면 나머지는 해결된다

　이상적인 해결책을 찾아내려면 먼저 다양한 모델링 기법을 활용해야 한다. 트리즈 형식의 문제나 시나리오에 적용될 수 있는 모델링 기법은 다양하지만, '기능 모형'과 '물질-장 모형', '진화 패턴'의 세 가지가 가장 많이 이용되고 있다. 물론 모델링의 목적은 어떤 특정한 변화를 추구할 때 다른 변화 요소들이 시스템의 운영과 다른 요소들에 어떠한 영향을 미치는지를 설명하기 위한 것이다. 하지만 트리즈에서 모델링의 진정한 가치는 당신이 새롭게 추진하려는 혁신에서 발생하는 모순을 제거하는 것이다.

사람들을 난처하게 만들고 심리적 타성에 젖게 만드는 것이 바로 모순이다. 예를 들어, 화학적 반응을 얻기 위해서는 물을 차갑게 해야 하지만 외부의 따뜻한 공기로 인해서 물이 따뜻해지는 모순을 해결해야 하는 것과 같다. 또한 당신이 새로운 목적을 달성하기 위해서는 지렛대가 필요하지만, 집 안에는 긴 지렛대를 놓을 공간이 없는 모순도 같은 이치다. 이와 같은 모순을 발견하고 해결하는 것이 바로 트리즈의 핵심이다. 트리즈는 모순을 찾아서 해결하는 지렛대 역할을 할 것이며, 나아가서 혁신을 통해 변화를 이끌어 내는 연금술사의 역할도 할 수 있다.

연금술은 일반 금속을 금으로 변환시키는 연구를 하던 중세 시대의 학문이라고 한다. 혁신도 이와 마찬가지다. 모순과 문제, 제약 등을 해결함으로써 그것을 금으로 바꾸는 것이다. 즉 당신은 혁신을 통해 제한된 요소를 고부가가치의 기회로 바꾸는 방법을 찾아낼 것이며, 프로세스와 제품, 서비스에서 연금술을 발휘하게 될 것이다.

만약 혁신이 쉬운 일이라면 앞서 말한 과정들은 불필요할 것이다. 하지만 혁신은 결코 쉬운 일이 아니다. 왜냐하면 시스템 내에 유용한 요소를 만들어 내려다가 유해한 요소를 양산할 수도 있기 때문이다. 더 나아가 자신의 생각과 일하는 분야에서 한걸음 물러나 혁신을 가로막고 있는 모순이 존재하는지를 확인하는 것도 무척이나 어려운 일이다. 이러한 상황에서 획기적인 변화를 이끌어 내기 위해 모순을 해결한다는 것은 더 어려운 일이다.

백 마디의 말보다 하나의 모델이 더 낫다

혁신을 실행하는 과정에서 이용할 수 있는 모델링 기법은 매우 다양하다. 하지만 그 중에서도 다음과 같은 세 가지 모델링 기법이 가장 보편적이고 강력하다.

- **기능 모형** Function Modeling : 시스템 내에 존재하는 모순을 해결하기 위해 문제점을 '원인-결과' 모형으로 도식화한다.
- **물질-장 모형** Substance-Field Modeling, SFM : 시스템 내에서의 도구와 제품 간의 상호 작용을 설명하기 위해 삼각형 요소를 만든다. 이를 위해 물질-장 모형은 '76가지의 표준화된 해결책'을 이용한다.
- **MLP 모형** Many-Little-People Modeling, MLP : 시스템 내의 물리적 모순을 찾기 위해 의인화 방법을 이용해서 시스템의 기능을 설명한다.

그럼에도 불구하고 때로는 모델링, 특히 '물질-장 모형'을 이용해서 당신이 바라던 해결책을 얻을 수 있다. 다시 말해, 어떤 시스템들은 기술적인 모순 요소들이 잘 드러나지 않는다. 그래서 트리즈의 도움이 더 필요한지 모른다.

트리즈의 초보자들도 쉽게 모델링 기법을 이용할 수 있다.

표준 해결책

변화 없이, 또는 작은 변화만으로
시스템을 개선하는 방법   13
시스템 변화를 통해 시스템을
개선하는 방법   23

시스템 전환   6
발견과 측정   17
간소화와 개선을 위한 전략   17

합계   76

이런 경우 좀 더 높은 단계의 유추 과정은 불필요하다. 트리즈의 DMASI 정의, 모델화, 추상화, 해결, 실행 프로세스를 이용해서 일반적인 최적화 문제를 실행으로 옮기고자 하는 사람은 '76가지 표준 해결책' 중의 하나를 적용하면 된다.

11. 상상력으로 새로운 생각을 키워라

〈하버드 비즈니스 리뷰〉(2005년)에 실린 '유사성의 힘을 끌어내는 방법Tapping the Power of Analogy'이라는 제목의 논문에서는 전략가들이 유사성의 힘으로 사고하는 방법을 소개하고 있다. 하지만 특정한 유사성 추론이 뛰어난 것이라 하더라도 불완전한 방법으로 실행할 경우에는 위험에 빠질 수 있음을 저자들은 경고하고 있다. 그들은 1930년대에 창안된 슈퍼마켓 모델을 1950년대의 장난감 업체에 도입해 성공한 카반 시스템을 언급하고 있다.[24] 그리고 저자들은 전략적 유사성이 특정 기업에서는 실패한 사례들도 설명하고 있다. 즉 유사성을 통해서 유추하는 것은 쉽지만 잘못된 결론을 내리는 경우가 많고, 전략가들이 유사성 추론을 효과적으로 이용할 수 있는 방법에 대해서는 거의 생각하지 않는다는 것이다. 이에 대해 저자들은 다음과 같이 이야기하고 있다.

"지적인 과학자들은 유사성 추론을 간단하게 설명할 수 있다. 한 개인은 '목표로 하고 있는 문제'를 해결하기 위해서 가장 먼저 현재 상황부터 파악한다. 예를 들어, 인텔의 경우는 하급 마이크로프로세서 제작자들과 진정한 경쟁자들을 구별하는 것에서부터 문제를 해결해 나간 것이다. 다시 원래의 이야기로 돌아가면, 현재의 상황을 파악한 사람은 직간접적인 경험을 통해 이미 잘 알고 있는 배경들을 고려하게 된다. 그리고 '유사성 매핑similarity mapping' 과정을 통해 유사한 특성을 가지고 있는 배경들을 확인하는 것이다. 이 배경이 바로 '근원적인 문제'이며, 인텔의 경우는 철강 산업이라 할 수 있다. 그리고 이 근원적인 문제, 즉 하급 제작자들의 강한 저항에서부터 이 문제를 해결하기 위한 '가능한 해결책'이 등장하는 것이다. 그 다음에는 가능한 해결책이 목표로 하고 있는 문제에 적용하게 된다."

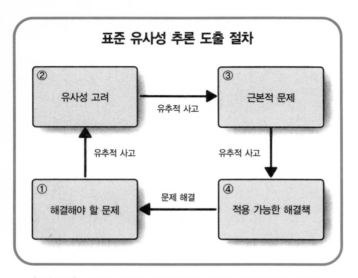

[그림 11-1] 현재의 사상들이 상식적인 것이나 저명한 사상가들에게서 나온 이상, 전략적 성공을 위해서는 논리적인 유추적 사고가 반드시 필요하다. 그리고 이런 사고는 위의 그림에서 볼 수 있는 것처럼 순차적으로 이루어진다. 트리즈는 이러한 절차를 유추의 정확성과 신뢰성을 높이기 위한 방법으로 이용한다.

여기서 두 가지 사항에 유념해야 한다. 첫째는 유사성의 유추가 혁신 방법이라는 것에 대해서는 논쟁이 없다는 것이다. 둘째는 [그림 11-1]에서 볼 수 있는 것처럼, 전략적 혁신을 달성하기 위한 시스템은 전술적 혁신을 위한 트리즈 시스템과 같다는 것이다. 하지만 여기에는 어마어마한 차이가 있다. 트리즈를 이용한 혁신의 알고리즘은 상당한 양의 고급 정보, 즉 특허 정보에 기초하고 있지만, [그림 11-1]에 나온 알고리즘은 오로지 논리에만 기초하고 있다. 이것이 바로 우리가 현재의 혁신 이론 대부분이 전략적이든 전술적이든 상관없이 개인 중심적이라고 이야기하는 이유다. 비록 새로운 전략과 전술이 인간 중심적일지라도 개인적인 고정관념의 틀을 벗어나지 못하기 때문에, 혁신을 위해서 필요한 획기적인 발상 전환에는 도움이 되지 않는다.

우리는 하버드 대학의 학술지에 경영 논문을 발표하는 학자나 전문가들이 그들의 연구 결과에서 트리즈와 관련된 내용이 왜 전혀 없는지를 묻고 싶다. 우리는 하버드 대학의 게리 하멜 교수로부터 구조화된 혁신 방법에 대한 자료를 요청받았고, 누구나 실행 가능한 혁신 방법에 대해 의견을 나눌 수 있었다. 하지만 대부분의 혁신 리더들은 트리즈의 힘을 간과하거나 무시했던 것으로 생각된다. 아마도 이러한 이유는 아직까지도 트리즈가 경영자 수준에서 혁신의 도구로 이용되는 것이 아니라, 엔지니어 수준에서 기술 개발의 도구로 이용되고 있기 때문일 것이다.

하지만 유사성의 시스템에 따라 혁신의 성과를 쉽게 달성할 수 있다는 것은 확실하다. 이 시스템은 본래 알고 있는 문제에서 알고 있는 해결책으로 움직이면서 진보하는 형태를 보이고 있다. 그리고 문제와 해결책 사이에는 올바른 유추를 해야 하는 부담감과 잘못된 유추를 했을 때의 위험이 상존한다. 따라서 가장 중요한 핵심은 집중력을 발휘함으로써 위험 요소를 최소한으로 줄이는 것이다. 트리즈 실천가들은 무수히 많은 유사성 중에서 다양한 해결책을 찾아 헤매는 것보다는 트리즈처럼 구조적이고 체계적인 문제 해결을 통해서 올바른 해결책에 집중한다.

대부분의 혁신 전략가들은 기존의 혁신 시스템과 모델을 통해서 그들이 원하는 방식을 추론할 수 있다고 믿는다. 그리고 앞에서 〈하버드 비즈니스 리뷰〉에 실린 논문의 저자들은 경험적인 지식에 바탕을 두고 "당신이 믿고 있는 방식을 정의하라. 그리고 유사성을 찾아라."라고 말한다.

다시 한 번 말하지만, 우리는 그들에게 비판을 가하고 싶은 생각은 없다. 하지만 우리는 그들의 믿음과 추측이 오늘날의 비즈니스에서는 아주 작은 문제들을 해결하는 방식이라는 것을 지적하고 싶다. 과학과 분석론은 데이터베이스와 시스템, 계획과 운영, 품질 개선, 불량품 감소, 마케팅 등 기능적인 면에서는 우수한 특성을 가지고 있다. 그러나 그것이 혁신의 영역으로 온다면 과학적이고 정교한 방법이 아니라, 다분히 개념적이고 신념적인 것으로 받아들이는 경우가 많다.

혁신 전략가들이 부족하다는 것은 트리즈를 이용하는 전략가들이 없다는 것과 같다. 이는 트리즈 연구의 실체와 그와 관련된 유추 시스템 때문이다. 여기서의 유추 시스템은 아는 것에서 모르는 것으로 나아가도록 하는 안내서 역할을 한다. 혁신 리더들이 트리즈의 모형을 이용한다면 트리즈를 통해서 더 정확하고 더 신뢰할 수 있으며, 더 빠른 유추적 문제 해결의 과정으로 나아갈 수 있을 것이다. 그리고 트리즈가 문제를 해결하는 것은 물론, 어떤 조직에서든 지속적으로 혁신을 확산시키는 역할을 한다는 것도 분명하게 알 수 있다.

12. 혁신이란 남이 풀지 못하는 문제를 푸는 것이다

유추적 사고는 이전보다 개선할 수 있는 굿 아이디어를 낼 수 있지만, 트리즈는 모순을 제거한 이상적인 아이디어를 만들어 낼 수 있다. 혁신은 특정한 과제나 혁신을 방해하는 장애물에서부터 시작된다. 트리즈의 핵심은 바로 이것이다. 이 것을 트리즈에서는 '모순Contradiction'이라고 부르며, 특성에 따라 물리적 모순과 기술적 모순으로 나뉜다.[25] 물리적 모순은 시스템의 한 요소가 스스로 충돌하는 경우를 의미한다. 예를 들어, 각기 다른 설계 조건을 만족시키기 위해서 물의 온도를 따뜻한 동시에 차갑게 유지해야 하는 경우가 여기에 해당된다. 반면에 기술적 모순은 시스템의 서로 다른 두 요소가 서로 충돌하는 경우이다. 기술적 모순의 예로는 물의 온도를 따뜻하게 유지해야 하지만, 물을 따뜻하게 하면 다른 기능적 요소들을 방해하게 되는 경우를 들 수 있다. 다시 말해, 한 가지 요소를 향상시킬수록 다른 한 가지 요소는 저하되는 것이다.

이러한 두 가지 차이로 인해 물리적 모순에는 트리즈의 네 가지 분리 원칙을 적용해야 하는 반면, 기술적 모순에는 40가지의 발명 원리를 적용해야 한다. 물리적 모순의 경우에 이용되는 네 가지 분리 원칙은 '시간'과 '공간', '규모'와 '조건'이며, 요소의 양극성을 본질적으로 분리하는 데 이용된다. 만일 물이 뜨거운 동시에 차갑기도 해야 한다면 물을 이러한 딜레마로부터 해결해야만 한다.[26] 만일 한 가지 요소가 최대화 되는 동시에 최소화 되어야 하거나 존재하는 동시에 존재하지 않아야 하는 경우도 마찬가지다. 이와 같은 양극화의 모순을 해결하려면 [그림 12-1]에서 볼 수 있는 물리적 모순 해결의 알고리즘을 이용하면 된다.

단순화 된 물을 예로 들면, 트리즈 실천가들은 시간과 공간, 규모 또는 조건의 네 가지 분리 원칙 중 한 가지 이상을

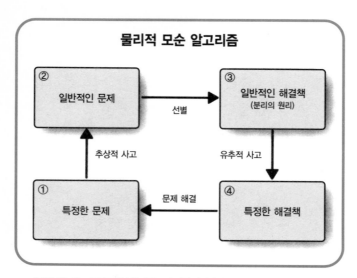

물리적 모순 알고리즘

② 일반적인 문제

③ 일반적인 해결책
(분리의 원리)

선별

추상적 사고

유추적 사고

① 특정한 문제

문제 해결

④ 특정한 해결책

【그림 12-1】 트리즈에서 물리적 모순이란 이상적인 해결책의 어떤 요소가 현재 존재하거나 극대화 되어야 할 때뿐만 아니라 존재하지 않거나 최소화 되어야 할 때를 의미한다.

적용해서 양극성을 해결하게 된다. 일례로 차가운 물과 뜨거운 물이 동시에 필요할 때는 계획에 따라 '시간'에 변화를 주어 물의 온도를 교대로 변환시키는 방법을 선택하는 것이다.

아니면 시스템을 조절함으로써 차가운 물을 위한 '공간'과 뜨거운 물을 위한 '공간'으로 분리함으로써 충돌을 일으키는 요소들이 공존하게 만들 수도 있다. 물리적 모순이 무엇이든 목표는 모순의 원인을 분리함으로써 문제를 해결하는 것이다.

그러나 물리적 모순의 해결책은 트리즈 연구에서 중요한 부분을 차지함에도 불구하고 복잡하지는 않다. 트리즈 연구에서 더 복잡한 부분은 바로 한 가지가 아닌 두 가지 변수를 포함하고 있는 기술적 모순을 해결하기 위한 수단과 본질에 대한 연구다. 기술적 모순은 시스템 내의 두 가지 요소가 서로 갈등을 일으킬 때를 뜻하며, 다른 대안이 없을 때는 해결책을 얻을 수 없다는 것을 명심하라.

이 경우 시스템적인 혁신가는 기본적인 네 가지 절차를 거친다. 즉 특정한 기술적 모순 요소와 이와 대응하는 일반적 문제 변수, 그 다음으로는 입증된 일반적인 해결책, 마지막으로 획기적인 아이디어를 얻기 위한 특정한 해결책의 네 단계를 거치는 것이다[27]([그림 12-2]를 참조). 이 절차와 [그림 11-1]에 나타난 전략 지향적 알고리즘 절차의 유사점과 차이점에 유념하라. 전략가들의 접근 방법은 개방적이고, 사고방식에 따른 유사성 유추의 형태를 띠고 있으며, 해결책의 존재를 가정하고 있다. 하지만 이에 반해 전술적 트리즈 접근 방법은 경험을 통해 입증된 천재들의 아이디어를 이용해서 필요한 한 가지 해결책을 찾아내는 것에만 집중하는 것이다.

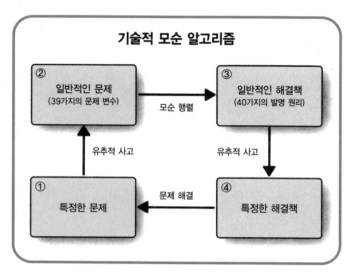

기술적 모순 알고리즘

② 일반적인 문제
(39가지의 문제 변수)

모순 행렬

③ 일반적인 해결책
(40가지의 발명 원리)

유추적 사고

유추적 사고

① 특정한 문제

문제 해결

④ 특정한 해결책

[그림 12-2] 체계화된 혁신의 핵심은 39가지의 문제 변수와 40가지의 발명 원리를 이용하여 알고리즘 내에서 기술적 모순을 해결하는 것이다.

몇 가지 실제 사례를 알아보기 전에 이 과정을 좀 더 자세히 살펴보기로 하자. 먼저, 시스템적인 혁신가는 특정한 기술적 모순을 일반적인 용어로 바꾸어 놓는다. 즉 갈등의 각이면에 존재하는 근본적인 특성이 무엇인지 의문을 제기하는 것이다. 이러한 추상화를 통해서 실천가는 각각의 특정 갈등 요소들을 확인하고, 이에 대응하는 일반적인 변수를 찾아낸다. 알츠슐러는 자신의 일반적 갈등 변수를 '39가지의 문제 변수'라고 불렀다. 39가지의 문제 변수는 오른쪽에 제시한 표를 통해 확인할 수 있다. 이 변수들은 혁신을 시도하거나 어떤 문제를 해결하고자 하는 엔지니어 또는 트리즈 실천가들에게 골칫거리를 안겨줄 수 있는 일반적인 기술적 모순을 반영하고 있다.

예를 들어, 시스템 내에 많은 양의 열기가 필요하지만 열기가 높아질수록 시스템의 안전성이 떨어진다고 생각해 보자. 이것이 바로 특정한 기술적 모순

39가지의 문제 변수

1. 움직이는 물체의 무게
2. 움직이지 않는 물체의 무게
3. 움직이는 물체의 길이
4. 움직이지 않는 물체의 길이
5. 움직이는 물체의 면적
6. 움직이지 않는 물체의 면적
7. 움직이는 물체의 부피
8. 움직이지 않는 물체의 부피
9. 속도
10. 힘
11. 압력
12. 모양
13. 물체의 안정성
14. 강도(强度)
15. 움직이는 물체의 작용 지속 시간
16. 움직이지 않는 물체의 작용 지속 시간
17. 온도
18. 밝기
19. 움직이는 물체에 의해 소비된 에너지
20. 움직이지 않는 물체에 사용된 에너지
21. 동력
22. 에너지 손실
23. 물질의 손실
24. 정보의 손실
25. 시간 손실
26. 물질의 양
27. 신뢰성, 내구성
28. 측정의 정확도
29. 제조의 정밀도
30. 물체에 작용하는 유해 요소
31. 유해한 부작용
32. 제조의 편이성
33. 사용의 편이성
34. 유지 보수의 편이성
35. 적용성
36. 장치의 복잡성
37. 조작의 복잡성
38. 자동화 정도
39. 생산성

이며, 이것을 해결하기 위한 최고의 아이디어를 얻으려면 기술적 모순을 일반화해야 한다. 39가지의 문제 변수를 이용하면 열기의 필요성은 17번의 '온도' 변수로 해석할 수 있다. 그리고 열기가 안전성에 미치는 부정적인 영향은 31번의 '부작용' 변수로 일반화할 수 있다.

또 다른 예로, 시스템 내에 더 많은 공기가 흘러야 하지만 흐르는 공기의 양이 많을수록 표면의 온도가 내려간다고 가정해 보자. 여기서의 기류는 일반적 변수인 7번의 '움직이는 물체의 부피'로 나타낼 수 있으며, 표면의 온도 저하는 17번의 '온도' 변수로 해석할 수 있다.

수백만 가지의 문제들을 39가지의 문제 유형으로 분류하는 것은 알츠슐러와 그의 팀에게 결코 쉬운 일이 아니었지만, 어쨌든 그들은 해냈다. 그리고 39가지의 일반적 문제 변수들을 X, Y축으로 배열하여 모순 해결 매트릭스를 만들었다. 모순 해결 매트릭스에는 모두 1,521가지의 각기 다른 모순 유형이 존재한다.

그리고 물리적 모순은 문제 변수들이 자체적으로 충돌을 일으킬 때를 의미하며, 물리적 모순의 양극성을 해결하기 위해서는 네 가지의 분리 원칙을 적용해야 한다는 사실을 명심해야 한다. 물리적 모순을 해결할 때는 기술적 모순에서 사용했던 모순 해결 매트릭스를 이용하지 않는다. 하지만 1,482가지의 각기 다른 기술적 모순을 해결하기 위해서 모순 해결 매트릭스를 사용할 수 있다. 앞서 말한 '1,482'라는 숫자는 원래의 39가지 변수를 제외한 나머지 모순 해결 매트릭스의 변수를 나타내는 것이다. 즉 '1,521-39 = 1,482'라는 공식을 통해 산출된 것이다.

이것은 알츠슐러의 가장 뛰어난 업적이고 지금까지도 그렇다. 그는 실천가들에게 쉬운 방법으로 문제에서 해결책으로 가는 능력을 키워 주었다. 이제는 당신이 해결하려는 문제에서 모순 요소를 찾아낸 다음 모순 해결 매트릭스에 대입해 보라. 그러면 알츠슐러가 정리해 놓은 40가지의 발명 원리 중에서 당신에게 도움이 되는 몇 가지 발명 원리를 찾아낼 수 있다.

왜 이것이 특별하게 여겨지는 것일까? 이는 알츠슐러가 천재들이 생각해 낸 수천 가지의 아이디어를 발명 원리로 정리했고, 그것을 혁신의 DNA로 연결시켜 놓았기 때문이다.

40가지의 발명 원리

1. 분리
2. 추출
3. 국부적 품질
4. 비대칭
5. 통합
6. 범용성(다용도)
7. 중첩
8. 부양하기
9. 사전 반대 조치
10. 사전 조치
11. 사전 예방 조치
12. 긴장 완화
13. 역방향
14. 곡선화
15. 역동성
16. 초과 또는 과부족
17. 차원의 변화
18. 기계적 진동
19. 주기적 조치
20. 유용한 조치의 지속
21. 고속 처리
22. 전화위복
23. 피드백
24. 매개체
25. 셀프 서비스
26. 대체 수단
27. 일회용품
28. 다른 감각 재설계
29. 유동성
30. 얇은 막
31. 가볍게 한다(다공성 소재)
32. 디자인 변화(색상 변화)
33. 동질성
34. 폐기와 복구
35. 특성 변화
36. 시스템 상태 변화
37. 관계 변화
38. 노출 증가
39. 구조를 줄인다
40. 복합화

그는 수십만 가지의 특정한 문제들을 비슷한 범주로 분류했으며, 이 문제들을 해결하기 위한 구체적인 해결책 역시 비슷한 유형으로 분류해 놓았다. 이것이 바로 알츠슐러가 39가지의 문제 변수들과 40가지의 발명 원리를 만들어 낸 방법이었다. 그리고 각 변수와 원리들은 유형에 따라 각각의 이름을 부여했다. 알츠슐러는 이처럼 특정 데이터에 부가된 메타 데이터meta-data를 이용해서 특정한 문제 유형, 즉 39가지의 문제 변수를 해결할 수 있는 가장 일반적이고 평균적인 해결책으로 40가지의 발명 원리를 발견했다.

트리즈 혁신가들이 해야 할 일은 어떤 일반화된 문제 변수가 특정한 기술적 모순이 되는지를 알아내는 것이다. 그렇게 되면 모순 해결 매트릭스를 통해 과거에 다른 사람들이 문제를 해결하는 데 이용했던 발명 원리를 찾아낼 수 있다. 그리고 이것이 바로 트리즈 혁신가들이 천재들의 아이디어를 벤치마킹하는 방법이다. 천재들은 떠나도 그들이 발견한 것들은 여전히 남게 되며, 우리는 남아있는 데이터들을 활용할 수 있는 것이다.

만약 기류의 흐름을 상승시키면서 표면의 온도를 그대로 유지해야 한다면, 당신은 어떻게 해야 할까? 트리즈의 모순 해결 매트릭스에 의하면 발명 원리의 2번과 10번, 18번, 그리고 34번을 고려해야 한다. '움직이고 있는 물체의 부피' 변수와 '온도' 변수를 고려했을 때, 모순 해결 매트릭스에 대입해서 얻을 수 있는 발명 원리가 바로 앞서 말한 숫자의 항목들이기 때문이다.

발명 원리의 2번과 10번, 18번, 그리고 34번을 살펴보면 다음과 같은 항목들임을 알 수 있다. 즉 각각 '추출'과 '사전 조치', '진동', 그리고 '폐기와 복구'라는 발명 원리를 발견할 수 있다. 이제 트리즈 혁신가는 기류와 표면 온도의 모순을 해결하기 위한 네 가지 중요한 단서를 얻게 된 것이다.

모순 해결 매트릭스의 교차 영역

		문제 변수(39가지)		
	유익한 요소 유해한 요소	17. 온도	20. 움직이지 않는 물체에 사용된 에너지	25. 시간 손실
문제 변수 (39가지)	7. 움직이는 물체의 부피	2, 10, 18, 34	–	2, 6, 34, 10
	14. 강도	30, 10, 40	35	29, 3, 28, 10
	36. 장치의 복잡성	27, 2, 3, 35	–	35, 28
		발명 원리(40가지)		

[그림 12-3]   모순 해결 매트릭스에는 알츠슐러와 다른 사람들의 모든 연구 결과가 집약되어 있다. 위의 그림은 우리가 앞서 예로 든 '움직이는 물체의 부피와 온도'에 대해 설명하기 위해 문제 변수와 발명 원리의 교차 부분을 극히 일부만 소개한 것이다. 물론 이것 외에도 무작위로 선택한 다른 변수와 원리도 살펴볼 수 있다.

하지만 여전히 획기적인 혁신 방법과 충분한 해결책을 제시하고 있는 발명 원리를 발견했다고 단정할 수는 없다. 이는 트리즈 알고리즘의 마지막 단계가 특정한 문제에 대한 특정한 해결책을 찾기 위해 유추적 사고를 적용하는 것이기 때문이다. 즉 실천가가 더 나은 추상적 사고를 할수록 해결책을 얻을 수 있는 단서는 더욱 많아진다.

더 나아가 [그림 12-3]에서 볼 수 있듯이 모순 해결 매트릭스에서 문제점에 해당하는 발명 원리를 찾을 수 없는 경우도 있다. 이는 한 가지 원리가 다른 원리들보다 더 낫다는 것을 증명하는 데이터가 없음을 의미한다. 따라서 해당하는 발명 원리가 없을 경우, 문제 해결자나 트리즈 실천가는 특정한 문제를 해결하기 위해 40가지의 발명 원리 중에서 한 가지 또는 모든 원리를 적용할 수 있다.

13. 통합된 혁신 기법의 힘

　거의 모든 혁신 이론들은 창조적인 사고를 개발하고 발전시키기 위해 고안되었으며, 이를 통해 혁신을 가로막는 심리적 타성을 지속시키고 있다. 그리고 혁신을 위해서는 자기 자신을 극복해야 한다는 이유로 사람의 판단력을 흐리고 있다.

　유심론자들은 내면의 목소리를 듣기 위해 명상이 필요하다고 생각한다. 이때 명상이라는 행위 자체는 마음을 변화시키고 해답을 제시하는 방법이 될 수 있다. 하지만 바로 그 자아가 혁신을 가로막고 있는 것이다. 그리고 당신의 머릿속에 담긴 생각들이 혁신적인 질문에 대한 해답을 얻을 수 없도록 막고, 과학자들과 엔지니어들의 조언을 무시하도록 만드는 것이다.

이쯤에서 반직관적인 진실을 폭로해 보기로 하자. 창조적인 사고 수단을 가지고 있는 현명한 사람들과 함께 일할

만일 내가 망치를 가지고 있었다면

때로는 6시그마와 마찬가지로 트리즈를 단축된 형태로 이용할 수도 있다. 수단을 선택해서 조금씩 문제를 해결하면서, 결국 큰 힘을 들이지 않고 문제를 해결하는 것이다. 하지만 다음 단계로 넘어가는 것은 어려울 수 있으며, 자신이 선택한 수단의 장점을 모두 활용해야 할 필요가 있다.

경우 놀라운 '발산적' 사고를 얻을 수 있다. 하지만 이런 발산적 사고는 문제를 더욱 해결하기 쉽게 만들기는커녕 오히려 더 어렵게 만든다. 그리고 그 다음에는 복잡함까지 더해 혁신의 속도가 늦어지게 만든다. 즉 요점은 혁신의 특성을 반직관적인 발산적 행위가 아닌 '수렴적' 행위로 생각해야 한다는 것이다. 직감은 혁신을 하고 싶거든 장애물을 제거하고 자유롭게 날갯짓하며, 모든 가능성을 탐색해야 한다고 이야기한다.

하지만 혁신은 진화에 적응하는 것과 관련된 것이며, 적응은 특정한 몇몇 갈등을 해결하기 위해 효율적인 모든 자원들을 받아들이는 것이다. 만일 한 가지 문제를 천 가지의 각기

다른 갈래로 확산시키고 싶지 않다면, 문제 해결을 위한 한 가지 해결책에 집중해야 한다.

　간단하게 말하면, 가능한 해결 방안들이 많아질수록 문제 해결은 더욱 어려워진다는 것이다. 즉 해결책들을 변화시킬수록 적합한 해결책을 찾기까지 더 많은 생각과 분석이 필요하고, 더 많은 시간이 소요되는 것이다. 반대로 해결책의 숫자가 줄어들수록 시행착오 역시 줄어들게 된다.

　이는 아주 간단한 수학 문제이자 250가지가 넘는 발산적 사고의 창의력 이론을 분석한 결과다. 그리고 이 이론들은 상자 밖에서 해결책을 찾는 동안 가능한 한 많은 선택 사항들을 산출해 내는 방법이다. 당신이 진정으로 해야 할 일은 올바른 상자에 자신의 사고를 집중시키고, 그 다음에는 자신의 생각을 상자 밖으로 발산시키는 것이다. 그리고 이를 통해서 기업에 혁신의 계기를 제공하는 알츠슐러의 지식, 즉 1,482가지의 각기 다른 기술적 모순을 이용할 수 있다.

　우리는 당신이 좋아하는 수단, 즉 브레인스토밍이나 마인드 매핑, 형태학적 분석, 시네틱스Synetics, 드보노의 이론

수학적 진실

문제 해결을 'D=V/S'라는 공식에 대입해 생각하라. 여기서 D는 문제 해결의 난이도를, V는 가능한 변형의 횟수, 즉 시행착오를 반복한 횟수를, 그리고 S는 적용 가능한 해결책을 얻기 위해 밟아야 하는 단계의 수를 의미한다.

물론 누구나 원하는 이상적인 수치는 'V/S=1'이 되는 것이다. 곧 문제에 대한 해결책이 단 하나만 존재하는 것이다. 하지만 이런 등식이 성립하는 경우는 극히 드물다는 것 역시 누구나 알고 있는 사실이다.

감성과 심리에 기초한 이론의 발산적인 특성은 V/S 비율을 무한대까지 확대시킨다. 하지만 다행스럽게도 트리즈의 수렴적 패러다임을 이용하면 V/S의 비율이 1에 가까워질 수 있다.

Debono's 등 이론에 심리적 기반을 둔 가치를 일방적으로 무시하고 싶지는 않다. 이 이론들은 모두 자신만의 자리와 가치를 지니고 있으며, 특히 모순 해결 매트릭스를 적용할 수 없는 경우에 더 빛을 발한다.

하지만 생산성 향상을 통한 성공이 생산 능력에 달려 있는 것처럼, 혁신의 성공은 혁신을 추진하는 능력에 달려 있다. 그리고 혁신 능력을 개선할 수 있는 가장 구조화된 방법이 바로 트리즈, 즉 창조적인 문제 해결 능력인 것이다.

14. 트리즈가 히트 상품을
만든 사례

　우리는 트리즈를 이용해서 온테크OnTech 사가 제조하고, 볼프강 퍽Wolfgang Puck 및 다른 브랜드로 판매되는 자가 열 발생 용기를 소개하고자 한다. 이 용기는 〈포춘〉 지가 2005년에 가장 혁신적인 신상품 중의 하나로 선정하기도 했다. 온테크 사는 혁신을 실현하기 위해 트리즈를 이용해서 400가지 이상의 기술적 문제를 해결했는데, 그 중에서도 세 가지는 놀라울 정도로 탁월했다.

　[그림 14-1]에서 알 수 있는 것처럼 온테크 사의 음료수 캔은 스스로 열을 발생시킴으로써, 캔 내부에 들어 있는 액

체를 의도한 온도까지 끌어올릴 수 있다. 그래서 사용자는 캠핑을 하는 동안 간편하게 따뜻한 커피를 마실 수 있고, 추운 날씨에 열리는 축구 경기장에서 따뜻한 초콜릿을 즐길 수도 있다. 이 용기를 개발한 온테크 사의 가장 큰 혁신 과제는 다양한 상업적 가능성을 실현하고, 저렴한 가격에 필수적인 기능을 소비자에게 제공하는 것이었다.

그렇다면 온테크 사의 용기가 어떻게 작동되는지 살펴보자. 먼저 캔의 아래 부분에 있는 버튼을 누른다. 그러면 칼슘 산화물과 물 사이의 경계 막이 사라지고, 두 물질이 합쳐지면서 발열 반응을 일으킨다. 그 후 발생된 열은 용기 내부로 방출된다. 방출된 에너지는 화학적 작용으로부터 분리되어 담겨 있는 음료수를 가열한다. 사실 발열 반응을 일으키는 것 자체는 그다지 어렵지 않다. 하지만 안전하고 일정하게 발열시키려면 여러 가지 기술적인 문제와 비용적인 문제를 동시에 해결해야 한다.[28]

모든 기술적 문제에는 목적을 최적화할 수 있는 시스템이 필요하다. 먼저 고객의 요구는 기능적인 욕구로 전환되며, 그것은 다시 제품 설계의 규정 요소로 변환된다. 그리고 당

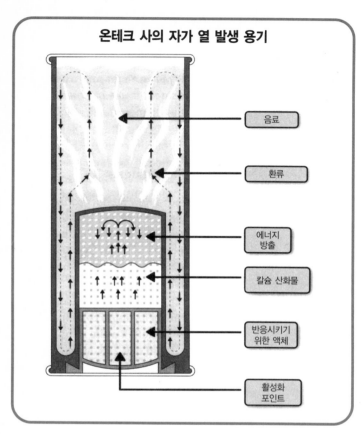

온테크 사의 자가 열 발생 용기

음료

환류

에너지
방출

칼슘 산화물

반응시키기
위한 액체

활성화
포인트

[그림 14-1] 온테크 사는 자가 열 발생 용기의 상업화와 관련된 400가지 이상의 기술적인 문제를 해결하기 위해 트리즈를 활용했다. 용기의 아래 쪽 버튼을 누르면 화학 반응이 일어나서 열이 발생한다. 몇 분이 지나면 용기 안에 있는 음료수가 마시기에 적합한 온도인 60도로 데워진다.

신은 목적에 대한 유용함과 해로움 사이에서 시스템의 요소를 특정함으로써 필요성의 공간을 구성한다. 결국 이 모든 것은 유용한 기능은 극대화하고 해로운 기능들은 최소화하는 이상적인 모델로 체계화된다. 그리고 당신은 완벽한 비전으로부터 최고의 해결책으로 나아가기 위하여 다양한 모델과 기술을 사용한다.

파사이드Farside 그룹의 조지 랜드 박사는 '완벽함으로부터 벗어나기backward from perfect'라는 신조어를 만들어 냈다. 이 말은 지금 있는 곳에서, 그리고 발전하기 위해 노력하는 곳에서 시작하기보다는 마음속에 있는 무한한 아이디어에서 시작하는 것이 더 낫다는 것을 의미한다. 이것은 이미 '8. 완벽함에서 벗어나 이상적인 해결책을 찾아라'에서 소개한 바 있다. 즉 상상할 수 있는 궁극적 문제 해결 과정의 결과는 저비용에 유익한 많은 혜택을 제공한다는 '이상적 최종 결과'의 개념과도 매우 유사하다.

트리즈의 프로세스로 이런 종류의 완벽함을 달성하는 것은 쉽지 않다. 그렇다고 해서 지식이나 창조성의 부족에 의한 한계를 인정하는 것은 아니다. 비록 트리즈로 모든 문제를 해결할 수는 없다 하더라도, 당신이 혁신을 방해하는 심리적 타성을 깨고 트리즈를 효과적으로 이용한다면 물리적, 기술적 모순의 대부분을 해결할 수 있다.

트리즈는 특정한 기능을 향상시키기 위해서 다른 기능의 저하를 허용하는 모순을 받아들이지 않는다. 만약 당신이 이러한 모순을 받아들여서 어느 한 가지 해결책을 선택한다면, 그것은 최선의 해결책을 발견하지 못한 것이다. 랜드 박사는 바로 이 시점이 '진정으로 혁신을 필요로 하는 때' 라고 지적했다. 즉 진정한 혁신이란 '평범한 수단으로 해결되지 않는 문제를 해결하기 위한 아이디어' 라는 것이다. 이것은 혁신의 정의에 가장 적합할 뿐만 아니라, 자가 열 발생 용기를 개발한 온테크 사의 혁신 과정을 가장 정확하게 표현하고 있다. 용기가 자체적으로 내용물을 따뜻하게 데운다는 설계의 목표를 달성하는 과정에서 대부분의 해결책은 평범했지만, 두 가지 해결책은 전혀 그렇지 않았다.

새로운 용기를 개발한 온테크 사의 프로젝트는 트리즈 기법을 적용하는 것에서 시작되었다. 그들은 디자인의 기본 구조를 정하고, 몇 가지의 설계 제한 요소들을 최적화하기 위해서 다양한 제한 요소를 해결해야만 했다. 그 가운데 핵심적인 제한 요소는 발열 반응을 일으키는 동안 열에너지에 의한 팽창에 견딜 수 있는 강한 재질의 용기를 만드는 것이었다.

이러한 제한 요소를 해결한 뒤에도 이 용기를 상품화시키기 위해서는 몇 가지의 과제가 더 남아 있었다. 그 중 하나는 식품을 가열 살균하여 밀봉하는 동안, 열에너지 노출과 관련된 물리적인 모순을 해결하는 것이었다. 그것은 특정 온도에서 정해진 시간 동안 음료수에 열을 가하는 멸균 과정이었다.

개발 팀에서 해결해야 할 문제는 특정한 물질들이 멸균 과정에서 손상되지 않도록 하는 것이었다. 멸균 과정 동안 용기 내부의 온도가 상승함에 따라 표면에 압력이 가해지게 되는데, 이때 너무 높은 압력은 그 용기의 표면을 변화시켜서 기형으로 만들 수 있었다. 동시에 냉각 순환은 내부에 진공 상태를 만들기 때문에 용기의 표면이 일그러질 수도 있었다.

예를 들어, 금속은 멸균 과정에 잘 견디지만 전도성이 매우 강하다. 만약 당신이 용기를 손에 쥐고 있을 때 용기에 들어있는 음료의 온도가 60도라면 열을 느낄 수 있다. 그러므로 금속은 적합한 소재가 아니었고, 이 문제의 대안은 폴리프로필렌이라 불리는 폴리머나 플라스틱 소재를 사용하는 것이었다. 음료수 용기의 다양한 뚜껑과 받침은 금속으로 만들 수 있었지만, 사용자가 손으로 잡는 부분은 전도성이 약한 소재로 만들어야만 했다.

그러나 문제는 여기에서 끝나지 않았다. 멸균 진공 과정을 거치기 위해서 내부에 두 개의 공간이 있고, 용기 외부에 하나의 공간이 있다는 사실은 문제를 더욱 어렵게 만들었다([그림 14-1]을 참조). 게다가 각기 다른 물질이 서로 다른 과정을 거치기 때문에, 각 공간은 인접한 요소로부터 분리되어야 하는 특성을 지니고 있었다.

만약 너무 많은 열이 다른 공간에서 너무 오래 머무를 경우, 그 공간에서는 기형이 생기거나 제 기능을 발휘하지 못한다. 그 이유는 열은 증기를 발생시키고, 그 증기는 압력을 증가시키기 때문이다. 압력이 상승하는 과정에서 공간을 분리시키는 벽에 다양한 기형을 만들 수 있다. 따라서 이러한 기형은 전체 시스템의 기능을 방해할 수 있다. 그러므로 열 보온 사이클에서 보온을 위해 증기가 필요하지만, 이 작업은 양극성을 띠고 있다. 즉 열에 의한 증기 발생 후 압력 증가는 멸균과 진공 과정 중 일정 시점에서 감소되어야 했는데, 감소되지 않고 분리용 벽을 손상시켰던 것이다.

이러한 모순은 풀리지 않는 수수께끼였고, 트리즈 용어로 표현하면 물리적 모순이었다. 온테크의 엔지니어들은 각 공간의 압력이 동일하게 유지되는 동안, 세 개의 공간 내에서 가열과 냉각을 통제함으로써 용기가 살균 및 진공 과정에 견딜 수 있도록 해야만 했다.

일본의 사례

우리가 아는 바와 같이 자가 열 발생 용기는 사케(Sake), 일본의 전통주를 따뜻하게 데우기 위해 일본에서 처음으로 사용되었다. 제작 원리는 용기 밑 부분을 작은 핀으로 구멍을 뚫는 방식이었다. 그렇게 되면 물과 칼슘 산화물을 분리시켜 놓은 막이 파열되고, 두 물질이 혼합되면서 열을 발생시켰던 것이다.

이 용기는 매우 훌륭한 제품이었지만 값이 비싸고, 재생이 불가능하며, 마시는 사람의 손에 뜨거운 열이 전달되었다. 그러나 온테크 사의 용기는 싸고 안전하며, 잠재적으로 재생이 가능하고, 손에 뜨거운 열이 전달되지 않았다. 그리고 어떤 형태로든 제작이 가능했다.

하나의 시스템에서 네 가지의 분리 원칙(시간, 공간, 범위, 조건)이 전체 혹은 하나 이상 충돌할 때 물리적인 모순이 발생한다. 온테크 사의 개발팀은 이러한 모순을 해결하기 위해 시간의 분리 원칙을 사용했다. 정확한 간격으로 각 공간에서의 냉각 과정을 일정한 순서로 배열함으로써, 각 공간을 분리하고 있는 벽이 압력으로 인한 진공 상태에서도 견딜 수 있도록 했다. 따라서 구조적 변형은 나타나지 않았고, 이 문제는 해결되었다.

하지만 개발팀은 두 가지의 기술적인 모순을 해결하기 위해

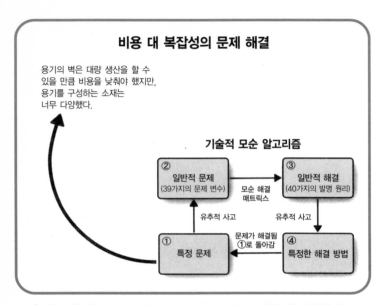

비용 대 복잡성의 문제 해결

용기의 벽은 대량 생산을 할 수
있을 만큼 비용을 낮춰야 했지만,
용기를 구성하는 소재는
너무 다양했다.

기술적 모순 알고리즘

②
일반적 문제
(39가지의 문제 변수)

③
일반적 해결
(40가지의 발명 원리)

모순 해결
매트릭스

유추적 사고

유추적 사고

①
특정 문제

문제가 해결됨
①로 돌아감

④
특정한 해결 방법

[그림 14-2] 온테크 사의 과제는 400가지 이상의 문제나 모순들에 대한 해결책을 찾는
것이었다. 이 그림에서는 그 문제들 중의 하나를 설명하고 있다.

더 많은 문제를 해결해야만 했다. 첫 번째는 용기의 분리 벽에
사용되는 금속의 복잡성과 제작비용 사이에 발생하는 문제였
다. 우리는 용기의 외부가 금속보다 전도성이 낮아야 하며, 가
격이 저렴한 플라스틱으로 만들어져야 하는지를 앞에서 살펴
보았다. 결국 용기는 열 전도성이 낮고 여러 가지 모양으로 제
작할 수 있으며, 가격이 저렴한 플라스틱으로 제작되었다.

온테크 사의 개발팀은 이 용기의 설계를 최적화했지만, 제작 방식에 대해서는 최적화할 수 없었다. 그들은 이 용기의 모든 부분을 의도했던 구조로 제작하는 동시에 제작비용을 낮추어야 하는 모순을 해결해야 했다([그림 14-2]를 참조).

그러자 팀원 중의 한 사람이 뛰어난 아이디어를 생각해 냈다. 그러나 그것을 실행하는 과정에서 또 다른 모순이 발생했는데, 그것은 기술적인 모순이었다. 낮은 비용으로 생산해야 하는데, 복합 재료를 사용했기 때문에 생산 효율이 떨어지는 모순이 발생했던 것이다. 개발팀은 이 문제를 해결하기 위해 다음 표와 같은 39가지의 모순 변수를 찾아냈다.

	온테크의 구체적인 문제	일반적인 문제 요소
유익한 특징	대량 생산으로 가격이 낮아져야 한다.	제조의 편이성(32번)
해로운 특징	물질들의 층 형성이 복잡하다.	장치의 복잡성(36번)

다음 단계는 위의 모순 변수에 대응하는 발명 원리를 찾아내기 위해 모순 해결 매트릭스를 이용하는 것이었다. '장치의 복잡성(36번)'과 '제조 공정의 편이성(32번)'의 상호 관계는 '싸고 수명이 짧은 물체(27번)', '대체 수단(26번)', '분리(1

번' 의 발명 원리를 이용해서 찾아낼 수 있다.

유익한 특징 \ 해로운 특징	장치의 복잡성 (36번)
제조의 편이성(32번)	27, 26, ①

적용 가능한 발명 원리

발명 원리 중 '분할(1번)'은 온테크의 개발팀이 기술적인 문제의 적합한 해결책에 대해 초점을 맞추는 원리이다. 제조 공정을 분할함으로써 구성 물질의 정밀도는 유지되고, 비용을 줄일 수 있는 방안을 찾았다. 제조 공정에서 용기의 옆면과 끝 부분을 붙이는 정밀한 성형을 하지 않음으로써 더 간단하면서도 제조비용을 낮추는 방법을 찾았다. 그런 다음 거친 소재를 완벽한 모양으로 자르는 금형 압출기를 사용했다. 이 과정은 단계가 진행되면서 비용은 내려가고, 정밀도는 지속적으로 유지된다([그림 14-3]을 참조).

해결되어야 하는 또 다른 모순은 에너지 반응이 일어나는 용기의 내부였다. 용기의 외부는 비 전도성을 가져야 하기 때문에, 반응이 일어나는 내부는 전도성을 띠어야 했다. 개

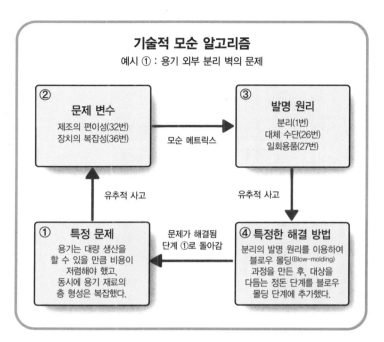

[그림 14-3] 온테크의 개발팀은 이 상태에서 혁신의 네 가지 단계를 진행함으로써, 특정한 문제 단계로부터 특정한 해결 단계로 나아갈 수 있었다.

발팀은 음료수를 가열하기 위해 가능한 많은 양의 에너지가 내부의 분리 벽을 통과하기를 원하지만, 동시에 음료와 화학 물질(산화칼슘)을 산소의 유입으로부터 보호해야 했다.

개발팀은 산소 첨가와 관련해서 이전에 있었던 동일한 문제를 해결해야 했다. 그러나 이번에는 상황이 달랐다. 이번에는 그 용기의 바깥쪽 분리 벽이 에너지 저항성이 아닌 전도성이 있는 소재를 산소와 분리시켜야 했다. 다음 표에는 이 문제를 해결하는 방법이 나와 있다.

	온테크의 구체적인 문제	일반적인 문제 요소
유익한 특징	내부의 벽은 멸균, 밀봉의 상태를 보존하기 위해 강한 재질이어야 한다.	강도 (14번)
해로운 특징	내부의 벽은 산소를 분리시키는 동안 에너지 전도성을 가져야 한다.	온도 (17번)

이것은 실제로 유연한 막이나 얇은 필름(30번), 사전 준비(10번), 복합 물질(40번)과 같은 발명 원리를 이용한다. 이 중에서 복합 물질을 사용하는 것은 아래 표에서 보는 바와 같이 핵심적인 역할을 한다는 것이 입증되었다.

해로운 특징 유익한 특징	온도 (17번)
강도 (14번)	30, 10, ④⓪ 적용 가능한 발명 원리

그들은 기존의 지식을 활용해서 특정한 물질의 조합은 산소의 유입을 막으면서도 전도성을 가질 수 있다고 가정했다. 이러한 아이디어는 도자기와 탄소섬유를 플라스틱과 결합시키고, 에틸렌비닐알코올EVOH을 사용해서 산소를 차단시키는 것이었다. 이러한 요소들은 멸균과 진공을 유지할 정도로 강하고, 음료에 열을 가할 수 있는 정도의 에너지 전도성이 있으며, 산소에 견딘다는 것이 밝혀졌다. 그 복합성은 실행되었고, 온테크 사는 기술적 모순을 해결하게 되었다([그림 14-4]를 참조).

우리는 온테크 사의 사례를 단순화시켜 살펴보았지만, 그들의 혁신적 성취는 결코 작은 일이 아니었다. 그리고 트리즈는 진화의 가속을 이끄는 원동력을 제공했다. 사실 온테크 사에서 자가 열 발생 용기를 개발하기 몇 년 전에 아메리칸 내셔널 캔ANC에서도 비슷한 프로젝트인 옴니 보울Omni-Bowl 프로젝트를 진행했었다.

ANC는 2천 여 품목의 상품을 보유한 회사였음에도 불구하고, 더 획기적인 상품을 만들기 위해 수천만 달러를 투자했다. 자가 발열 용기를 개발하려면 금속과 플라스틱을 캔의

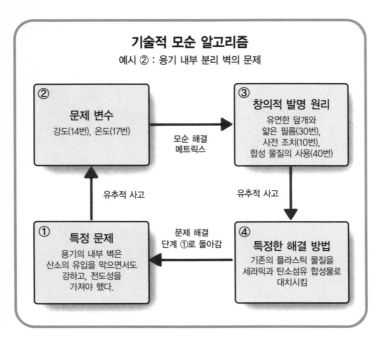

기술적 모순 알고리즘

예시 ② : 용기 내부 분리 벽의 문제

② **문제 변수**
강도(14번), 온도(17번)

모순 해결
메트릭스

③ **창의적 발명 원리**
유연한 덮개와
얇은 필름(30번),
사전 조치(10번),
합성 물질의 사용(40번)

유추적 사고

유추적 사고

① **특정 문제**
용기의 내부 벽은
산소의 유입을 막으면서도
강하고, 전도성을
가져야 했다.

문제 해결
단계 ①로 돌아감

④ **특정한 해결 방법**
기존의 플라스틱 물질을
세라믹과 탄소섬유 합성물로
대치시킴

[그림 14-4] 온테크는 이 상태에서 혁신의 네 가지 단계를 진행함으로써 특정 문제로부터 특정 해결책으로 나아갔다.

가장자리로 봉합한 후, 이음새 부분이 멸균 과정을 견디게 하는 문제를 해결해야 했다. ANC에서는 많은 비용을 들여 신제품을 개발하려고 했지만, 어느 누구도 그러한 기술적 모순을 해결하지 못했다. 그러나 온테크 사는 아주 적은 연구 개발 비용으로 획기적인 용기를 개발할 수 있었다.

온테크 사가 혁신적인 상품을 개발할 수 있었던 가장 큰 이유는 그들에게 트리즈가 최적의 아이디어를 찾아주는 가이드 역할을 했기 때문이었다. 그동안 개선 전문가들은 점진적인 개선으로 문제를 해결하려 했지만, 개선 작업은 창의적으로 문제를 해결하는 데 도움이 되지 못했다. 오히려 혼란을 겪을 뿐이다.

처음에는 모든 영역에서 문제점을 찾아가는 개선의 방법들이 더 쉬운 것처럼 보인다. 그러나 문제의 본질을 정의하고, 변수들을 모델화하면서 문제를 추출해 내고, 유추적 사고를 통해 이상적인 방법으로 해결하는 데는 트리즈가 가장 적합하다. 트리즈 실천가들은 이러한 신념을 가지고 문제에 집중함으로써 이상적인 가치를 현실로 만들어 낸다.

불확실한 모순의 분석

개선의 리더십	혁신의 리더십
개선 프로젝트 ROI 모델	혁신 프로젝트 ROI 모델
제한된 문제 해결 기회	개방된 문제 해결 기회
문제를 달성하고자 하는 목적으로 정의(그것은 '비용 절감'이다)	구체적인 문제를 해결해야 할 모순으로 설명 (예로 "실린더를 더 강하면서도 가볍게 만들어라")
나의 문제는 독특하다고 인식함	누군가 나의 문제를 이전에 해결했었고, 나는 그것을 찾을 수 있고 해결책을 응용할 수 있다
유추 과정은 개인적인 능력에 의해 진행	유추 과정은 역사적인 데이터베이스에 의해 진행
2단계의 문제 해결(시행착오)	단계적 문제 해결(특정한 문제, 일반적인 문제, 일반적인 해결책, 구체적인 해결책)
표면적인 문제	본질적인 문제
현실적 타협을 수용	이상적인 해결책에 집중
특별한 경우에만 혁신을 추진	방법론적인 혁신(DMASI)
대부분의 자원들을 간과함	모든 자원을 활용
전통적인 모델링 (플로 차트, 가치 흐름 맵핑 등)	모순 해결 모델링, 물질장 모델링, 진화적 혁신 모델링

창의적 혁신을 위한 행동 원칙

- 혁신 과정을 계획하거나 진행할 때, 이상적인 해결책을 이용하라.
- 문제를 정의할 때는 모순의 개념을 사용하고, 모순을 회피하거나 현실적 타협을 거부하라.
- 시행착오적인 혁신보다는 시스템적인 혁신을 시도하라.
- 당신이 추진하고 있는 일에서 지식을 활용하여 문제들을 풀어라. 트리즈가 당신을 안내하는 것처럼.
- 혁신 과제들을 규정하고 계획을 수립할 때는 상식적으로 해결할 수 있는 과제는 선택하지 마라.
- 생산과 서비스에서 의도적인 혁신을 달성하기 위한 안내서로 DMASI 방법론을 채택하라.
- 지속적인 것에 관한, 아니면 혁신 과제를 소멸시키는 정보에 근거한 결정을 만들 수 있는 DMASI 방법론의 관문을 만들어라.
- 트리즈의 수단, 방법, 기술, 수용력의 적합한 사용을 확실히 하기 위해 DMASI 방법론의 관문을 만들어라.
- 가장 중요하다고 생각하는 첫 번째 문제만 해결하지 마라. 두 번째로 중요한 문제에서 패할 수 있다(전투에서는 이기지만 전쟁에서 패한다).
- 트리즈(DMASI)의 방법론을 다른 곳에 존재하는 개선, 혁신, 그리고 설계의 방법과 통합시켜라(DMAIC, DMADV 등).

3부

혁신의 로드맵 만들기

트리즈의 8가지 진화 원리를 혁신과 창조 활동에 적용하라

"새로운 제품을 만들어 내는 것만으로는 충분하지 않다. 당신은 지속적으로 혁신하는 회사의 모형을 만들 필요가 있다."

존 셀리 브라운John Seely Brown

15. 진화는 거부할 수 없다

　우리는 앞에서 트리즈의 기본적인 요소를 다루었고, 현실 세계에서 비즈니스와 기술적 문제를 어떻게 해결하는지에 대해 탐구했다. 이제부터는 혁신이 예측 가능하고, 그것에 대응하여 선행적 혁신을 할 수 있는 방법이 있는지 알아본다.

　먼저 품질 개선의 진화에 대해 생각해 보자. 품질 개선은 제품의 품질을 향상시키기 위한 방법을 찾는 것에서 시작되었다. 그 후 품질 개선의 진화는 서비스, 프로세스, 조직적인 진보의 개념으로 확장되었다. 처음에는 개선의 방법들이 근

시안적으로 '제품의 품질'에 초점을 맞춘 반면, 나중에는 '비즈니스의 품질'을 개선하는 확장적인 시스템으로 전개되었다.[29]

예전에 우리가 기업 운영의 문제를 해결하기 위해 '품질'이라는 방법을 이용했던 것처럼, 우리는 같은 방식으로 '트리즈'를 기술적 모순의 해결 수단으로 사용할 수 있다. 우리는 이것을 '혁신의 비즈니스'라고 부른다. 하지만 비즈니스가 향상과 혁신의 한 기능이라면, 혁신적 행동은 품질 향상을 추진하는 것과 마찬가지로 조직적 추진을 필요로 한다. 예를 들어 혁신적인 치즈를 개발하려면, 실험실에서부터 이 사회까지 조직 전체가 혁신 활동에 나서야 하는 것이다.

우리는 지난 20년 동안, 주요 기업들이 어떻게 사업을 시작하고, 어떻게 성장시켰는지를 조사하는 과정에서 주요한 패턴들을 발견할 수 있었다. 처음에는 제품의 결함을 줄이고 재고를 관리하는 일에 집중한다. 그 다음에는 그러한 목표를 달성하기 위해 특정한 수단들이 개발되고 전술적으로 규정된다. 이때 이용되는 기법이 마이클 해머의 전략적 관리법이다. 이 기법은 여러 업종의 다양한 기업에서 널리 이용되고 있다. 마지막으로, 경쟁력 있는 기법들은 비즈니스를 위한 일반적 기본 원리 속으로 통합된다는 것이다.

비즈니스가 개선과 혁신의 연속 작용이라면, 생산품의 품질을 개선하는 것만큼이나 필요한 것이 비즈니스 혁신이다. 우리는 트리즈에 혁신을 구조화된 상태로 이동시키는 도구와 에너지가 있다는 것을 말하고 싶다. 왜냐하면 그것은 전략적이고 전술적인 수준에서 둘 다 실행 가능하기 때문이다.

혁신에는 수많은 활동들이 있지만, 그 활동들은 하나의 구조화된 틀로 통합되기 보다는 흩어지려는 경향을 갖는다. 혁신 전략가들이 사용하는 언어는 혁신 엔지니어들이 사용하는 언어와 차이가 있다. 심지어 과학이나 공학의 원리에서도 혁신 언어와 실행은 매우 다양하다.

혁신이란 하나의 큰 힘으로서 전략적이고 전술적인 이슈들을 집중시키는 것이다. 많은 회사들이 혁신 로드맵을 만들고, 계획을 세움으로써 전략과 계획에 따라 과제들을 수행한다. 그러나 우리는 이러한 로드맵과 계획의 질에 대해서 의문을 갖게 되는데, 이는 대부분이 품질 개선 수준의 혁신에만 치중하는 것에 대해 의문을 갖는 것과 마찬가지다. 또한 우리는 기업들이 기존의 자원을 최적화하는 방법으로 혁신의 기술적 측면과 전략적 측면을 통합하는 능력에 대해 의문을 갖게 된다.

전략적 혁신과 전술적 혁신의 시너지 효과가 일어나려면, 혁신 실행자가 진화의 미시적인 힘을 이해해야 하듯이 기업도 진화의 거시적인 힘을 이해해야 한다. 혁신은 창의적인 문제 해결뿐만 아니라 전체적인 틀에서 통합적 혁신이 함께 이루어져야 한다. 기업은 단지 창조적 문제 해결의 특정한 단계들을 실행하는 것이 아니라 전반적인 혁신의 진보를 관리해야 한다.

만약 당신이 혁신의 리더라면, 어떤 방법으로 현재 기술의 완성도를 측정할 수 있는가? 당신의 상품과 서비스가 언제 상업화되어서 이익을 낼 것으로 예상하는가? 어떤 논리와 경험적인 방법으로 당신의 회사에 맞는 혁신적인 로드맵을 만들 수 있는가? 당신은 어떤 방법으로 적합하고 실행 가능한 혁신 과제를 선택할 수 있는가?

알츠슐러는 지난 100년 동안 진행된 기술과 상품의 진화 과정을 연구함으로써 8가지 진화 패턴을 정리했다. 그가 정리한 8가지 진화 패턴은 다시 400개 이상의 특성으로 분리

될 수 있다.[30] 그는 기술과 시스템의 진화가 무질서하게 전개되는 것이 아니라 특성을 가지고 패턴들에 따라 전개된다는 것을 알아냈다. 우리는 이러한 진화 패턴을 자세히 관찰함으로써 제품과 서비스, 그리고 조직 운영의 진화에도 적용할 수 있다.

8가지 혁신의 진화 패턴

1. 이상성 증가의 법칙
2. 기술의 진화 단계
3. 시스템 요소와 결합되지 않은 개발
4. 역동성과 통제력이 증가하면서 진행되는 진화
5. 복잡성은 증가하지만 단순화(감소)로 진행되는 진화
6. 조화되고 조화되지 않는 요소와 함께하는 진화
7. 미시적 수준으로 이동하는 진화
8. 인간의 개입을 감소시키는 진화

서로 다른 시간, 다른 영역에서 서로 다른 기술적인 문제인 것 같지만, 본질적으로 보면 비슷한 현상이 반복되고 있다. 이것이 바로 트리즈가 전략적으로도 필요한 이유다. 기술 발전의 패턴을 무시할 수 없듯이 조직적인 진화의 패턴을 무시할 수는 없다. 트리즈는 기술적인 문제를 해결할 때는 전술적이지만, 진화의 문제를 다룰 때는 전략적이라 할 수 있다. 따라서 '진화의 8가지 패턴(위의 표를 참조)'에서 보는 바와 같이 진화 패턴은 기술 발전의 과제와 경영 발전의 과제를 함께 해결한다. 두 영역에서 진화 패턴의 지식은 의사

결정, 목표 결정, 자원 관리, 그리고 위험을 관리하는 데 유용하다.

당신은 진화의 8가지 패턴을 기술과 시스템의 궤도를 보는 각기 다른 렌즈로 생각할 수 있는데, 이것이 바로 넓은 관점으로 볼 때 기술이 실제로 작용하는 일이다. 기술이 가치를 창조하는 방식으로는 하드웨어, 소프트웨어, 프로세서, 인력을 배치하는 것들이다. 이러한 의미에서 가치 흐름, 컴퓨터, 진행 절차, 기계, 작업 매뉴얼, 작업 예시, 표준 시방서 등은 모두 기술적인 양식들이다. 그리고 자전거나 자동차, 우주선도 모두 기술의 산물이다. 또한 전자회로도 캐드CAD에 의해 디자인된 기술이다. 우리의 집도 기술에 의해 설계되고 건축되며, 유지 관리되고 있다.

노하우와 기술은 인간의 욕구를 채울 수 있는 방법으로 끊임없이 진화되고 있다. 하나의 발견이나 개선은 또 다시 다른 것과 함께 결합한다. 그리고 계획, 건설, 극대화, 재창조의 과정이 나타난다. 기술력과 노하우가 채택과 혁신의 끝없는 흐름 속에서 나타날 때, 인간은 그들의 창조와 함께 발전한다. 혁신이 우리를 밀고 나가는 만큼, 우리도 혁신을 더욱 발전시켜 나간다. 우리의 신체와 정신, 그리고 영혼은 우리

가 만드는 창조물들과
서로 작용할 때 더욱 발
전한다.

   대부분의 경우, 사람
들은 자신이 일하고 있
는 산업 분야를 벗어나
서 진화의 모델을 찾아
보지 않는다. 그러나 전
략적 트리즈는 고정관념
을 깨고 특정한 영역을
넘어 추상적인 영역으로
나아간다. 전략적 트리

> ### 전략적 트리즈의 방법론
>
> 전략적인 트리즈는 시스템의 진화를 예측하고
> 계획하는 구조화된 접근 방법이다. 그리고 정
> 의, 맵핑, 적용, 실험, 실행의 과정(DMAPI)을 거
> 친다.
>
> **정의**Define : 예측을 위한 기준선을 만들기 위
> 해 시스템 내에 있는 기존의 조건과 매개 변
> 수를 정의한다. 내부와 외부의 자료를 이용해
> 서 비즈니스와 시장을 분석하며 진화의 패턴
> 을 찾아낸다.
>
> **지도화**Map : 주요 기술적 범주들, 즉 재정, 특
> 허, 특허의 혁신 수준, 주요 수행 특징, 해로
> 운 기능(위험), 다른 필수적인 범주로부터 수집
> 된 자료를 바탕으로 성숙도를 분석한다. 지도
> 화 기술은 ① 현재의 시스템 수명 주기의 순
> 수익성을 확대하고, ② 새로운 수명 주기의
> 곡선을 만들기 위한 투자의 구성을 결정한다.

즈는 고정관념을 깨고 '우리가 여기에서 다음으로 나아가야
할 곳은 어디인가?' 라는 경영상의 문제를 해결할 수 있는 패
턴과 다양한 도구를 제공한다.

   당신은 현재의 회사를 재창출하는 데 필요한 지혜를 얻기
위해 천재적인 전략가들의 아이디어에서 도움을 받을 것인

적용Apply : 간과되었던 기회의 영역, 그리고 혼성화를 위한 기회를 밝혀주는 기술적 로드맵을 만들기 위해 진화 패턴을 적용한다. 각각의 진화 패턴을 적용하고 진화의 단계를 예측한다. 진화 로드맵의 미래 모습을 만들고 이를 구현할 때의 제약 요소를 규정하고, 실현 가능한 방법에 대한 정보를 수집한다.

실험Pilot : 여러 세대에 걸쳐 경쟁력을 갖는 제품Multi-generational product을 개발하기 위한 계획MGP Plan을 수립한다. 다세대 제품MGP을 만들어 낼 수 있는 개발과 생산의 기반을 만들고, 시장에 접근할 수 있는 방안을 마련한다.

실행Implement : 전략적인 계획, 실행, 혁신의 수단들과 결합된 로드맵을 만든다. 새롭게 만들어진 로드맵이 초기의 정의Define 단계에서 설정한 투자 대 효과가 나올 수 있는지 비교해 본다.

가? 아니면 상식적인 수준에서 생각하는 사람들의 아이디어를 원하는가?

피터 드러커, 게리 하멜, 마이클 해머Michael Hammer는 지속적인 변화와 지속적이지 못한 변화의 차이에 관하여 "게임의 규칙이 변하는 것을 통해 비즈니스를 리드해야 한다."라고 말했다. 그리고 앨빈 토플러Alvin Toffler는 트렌드, 통합된 실체, 그리고 예측 가능한 진술의 관점에서 전 세계적인 변화의 패턴을 이렇게 설명했다. "현재 일어나고 있는 여러 가지 변화를 보고 미래의 변화를 예상하여 새로운 개념을 만들어 낸다."

만약 지금까지의 뛰어난 전략적 사고가 없었다면, 사람들은 혁신에 대하여 무엇을 배웠고, 우리는 더 나은 혁신을 위해 어떻게 우리 자신을 반성할 수 있었겠는가? 이 질문은 과학자들의 질문이다. 만약 과학자가 비즈니스에 대해 질문하기를 싫어한다면, 아마도 듣는 것이 좋은 생각일 것이다. 과학과 비즈니스는 서로 공생하는 존재이기 때문에, 과학이 비즈니스를 발전시키는 것만큼 비즈니스도 과학을 발전시킨다. 우리는 전략적 트리즈 실천가들이 전략적 사고와 혁신 활동을 위해 8가지 진화 패턴을 이용해야 한다고 생각한다. 왜냐하면 8가지 진화 패턴은 창의적 사고의 이면에 있는 코드들이기 때문이다. 따라서 8가지 진화 패턴은 당신이 어떤 것을 알고 있는 한, 당신의 생각이 그것과 함께 시너지 효과를 낼 수 있는지를 말해 주는 척도라 할 수 있다.

16. 성숙도를 지도로 그려보라

8가지 진화 패턴은 전략적인 혁신을 계획하고, 실행하고, 평가할 수 있는 기본 틀이다. '전략적 트리즈 방법론'으로 DMAPI 프로세스를 이용할 수 있다. DMAPI는 'Define정의 – Map지도화 – Apply적용 – Plot실험 – Implement실행'의 약자이다. 전체 비즈니스의 틀에서 보면 DMAPI 프로세스는 전략적 사고 프로세스로서, 조직의 이상적인 상태를 형성하는 데 있어서 핵심 성공 요소들을 종합하는 프로세스이다.

DMAPI 방법론은 본질적으로 기술 로드맵 개발의 단계를 통해 비즈니스 또는 연구개발팀을 체계적으로 운영하는 데 이용된다. 또한 프로세스와 제품이 미래의 예측 가능성을 가지고 시스템을 수행할 수 있도록 한다. 비즈니스와 제품이 이익을 낼 수 있는 시기를 예측함으로써 혁신과 개선에 관한 계획을 보다 더 의미 있게 수립할 수 있다.

연구개발 부서가 DMAPI의 실행에 모범이 될 수 있으며, 경영자의 도움을 이끌어 내는 것에도 도움이 된다. 전략적 트리즈는 혁신적인 계획이나 비전을 만들 수 있고, 그것의 성공을 어림잡을 수 있는 하나의 메커니즘이다. 전략적인 트리즈 실천가들은 먼저 전체적인 조직 체계가 될 수 있는 시스템의 성숙 상태를 지도로 만든다.

모든 시스템 또는 시스템의 기능적 측면은 시간이 지남에 따라 곡선으로 그려질 수 있는 주요한 수행 특성을 갖는다. 이 곡선은 [그림 16-1]에 나오는 곡선과 비슷하다. 이 곡선이 바로 고전적인 S자 곡선이다. 몇몇 힘의 수명이 오랜 기간 동안 매우 느린 속도로 시작하다가 짧은 시간 동안 급격하게 위로 향하고, 나중에는 곡선이 수평으로 변하면서 성숙 단계 이후에는 감소하게 된다.

전 세계의 인구 증가가 S자 곡선의 좋은 사례이다. 세계

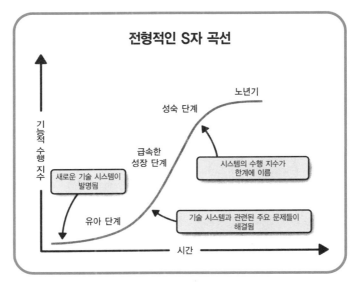

[그림 16-1] 모든 시스템들은 초기에는 느리게 움직이다가 어느 단계에 이르면 급속하게 성장한다. 성장 단계를 지나면 느린 속도로 감소 방향으로 진행된다. 결국 시스템 내에서 오래된 시스템은 더 좋고 빠르며, 저렴한 새로운 혁신 시스템에 의해 제거된다.

인구는 약 1만 년 전부터 1750년대의 약 5억 수준까지 매우 느린 속도로 증가했다. 그 이후로 세계 인구는 300년이 채 안 되는 기간 동안 5억 수준에서 60억 인구 이상으로 늘어났다. 물론 현재의 급증하는 인구 성장은 어느 시점에서는 정체되어야 한다. 왜냐하면 지구는 480억 인구 이상이 살기에는 어려운 환경이기 때문이다. 만약 줄지 않고 있는 현재의 성장률이 지속된다면, 120년 내에는 그런 상황이 맞게 될 것이다. 그러나 우리는 그런 상황을 오지 않을 것이라고 생각한다. 왜냐하면 S자 곡선은 결국 최고점에서 수평해지기 때문이다.

모든 시스템은 장애물이 제거되고 문제가 해결될 때까지 서서히 움직이는 초기 단계를 가지며, 오래된 방식을 구식으로 만든다.

예를 들면 '원하는 정보 찾기' 라는 시스템인데, 이는 전통적인 아날로그 방식이었다. 이때 우리가 어떤 정보를 원한다면, 도서관에 가야만 한다. 모든 공식적인 정보는 도서관에 있기 때문이다. 그래서 사람들은 책과 잡지를 색인으로 만들어서 도서관을 가능한 한 효율성 있게 만들었다.

이러한 '찾기-회수' 의 시스템이 더 빨라져서 이제는 인터넷을 이용해 집에서도 순식간에 특정 주제에 관한 많은 자료를 찾을 수 있다. 이런 식으로 원했던 것을 얻는 시간이 매우 빨라졌다. 새로운 방식은 도서관 모델과는 달리, 우리가 정보를 사용하고 난 후 다시 돌려줄 필요가 없는 방식인 것이다.

과거에 정보를 검색하거나 판매하는 사업에 종사했던 사

람은 새로운 방식으로 진화해야 했다. 잡지와 같은 정보 판매 비즈니스에 속한 물품들이 우편이나 도서관을 통해서가 아닌 온라인으로 이용할 수 있어야 한다는 구상을 생각해 내는 것은 전혀 어려운 일이 아니다.

새로운 비전을 갖는다는 것은 성장이 감소하는 변화가 일어나기 전에 그러한 변화를 예상하는 것이다. PC는 1980년대에 급속한 성장이 진행되면서 모든 사업장과 가정에 컴퓨터 네트워크가 이루어졌다. 그렇다면 왜 두 가지 분리된 기술, 즉 컴퓨터와 네트워크 기술이 오늘날처럼 통합되리라는 것을 아무도 예측할 수 없었는가? 왜 모든 회사들은 그와 같은 필연적인 변화를 볼 수 없었고, 준비할 수 없었으며, 또한 변화를 이끌 수 없었는가?

왜 우리는 온라인 쇼핑이 이루어지는 상황을 예상할 수 없었는가? 현재 우리는 구글google과 같은 포털 사이트에 접속할 수 있고, 우리가 원하는 정보를 얼마든지 얻을 수 있다. 그러나 구글을 대체할 다음 시스템은 무엇일까? 만약 구글이 이 답을 알지 못한다면, 과연 누가 그 답을 알 수 있는가? 정보를 얻고자 하는 인간의 욕구를 충족시키는 새로운 변화의 물결을 누가 가지고 올 것인가?

우리는 때때로 변화가 오는 것조차 알지 못한다. 심지어 아주 큰 변화조차도 말이다. 언제, 어떻게 변화가 일어날 것인가를 예측하는 일은 쉽지 않다. 그러나 상품의 진화는 어느 정도 예측할 수 있다.

모든 상품은 인간의 기본적인 욕구를 만족시키기 위해서 존재하기 때문에, 이것으로부터 진화하는 패턴을 알 수 있다. 오늘날 비즈니스에서 가장 중요한 자산은 사람이다. 따라서 사람들의 생활 방식을 평가하고, 언제 그 방식에 싫증을 느끼며, 개선을 필요로 하는지, 그리고 혁신으로 제거해야 하는지를 예측할 수 있는 사람은 매우 중요한 가치를 갖는다.

이 점이 바로 트리즈가 갖는 전략적 가치이다. 이 전략은 중요 시스템의 라이프 사이클을 알 수 있도록 해주기 때문에, 경영자들이 어떤 시스템을 혁신시켜야 하는지, 아니면 버려야 하는지를 판단할 때 더 나은 결정을 내릴 수 있도록 한다. 성숙도 맵핑은 한 시스템의 기능적 라이프 사이클을 선으로 나타내는 것이다. 그리고 그 시스템에는 제품, 프로세스, 서비스, 거래, 또는 조직이 포함될 수 있다. 그 다음에

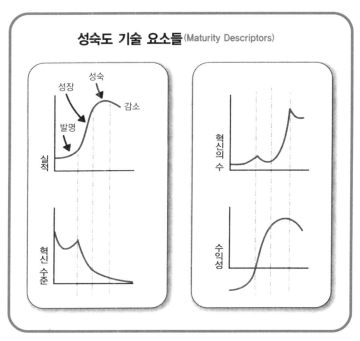

[그림 16-2] 조직은 시스템과 관련된 실적이 S자 곡선 위의 어느 지점에 있는지 알기 위해서 다양한 매트릭스를 사용할 수 있다. 또한 조직은 매트릭스나 기술적 요소들을 사용해서 주어진 시스템이 언제 혁신에 도달할 것인지를 예측하고, 예측 결과를 바탕으로 연구 개발 계획을 수립한다.

는 '혁신의 수', '시간에 따른 혁신의 수준'을 나타내는 다른 곡선들과 함께 그 시스템의 순이익 기간을 곡선으로 나타내 준다.

예를 들어 당신이 성숙도 맵핑을 조직 자체에 적용한다면,

조직의 기능적 수행 특성이 조직의 임무라는 관점에서 분석
되고 측정될 것이다. 조직의 수도 이런 방식으로 측정된다.
하지만 혁신의 수준은 극단적으로 지속적인 것에서 극단적
으로 지속적이지 않은 것으로 이어지는 연속선의 평균점을
벗어난 정도를 말한다. 마지막으로 시스템의 이익성은 다른
요소들과 함께 그려진다.

[그림 16-2]에서 보는 바와 같이 진화의 패턴은 그 곡선들
간의 관계를 보여준다. 실제로 어떤 시스템에서 이런 주기의
곡선은 일정한 시점에서 그들의 기능성, 이익성, 생산성, 그
리고 품질 수준 간의 구체적인 상관관계를 보여준다. 다른
요소들 또한 하나의 시스템에서 또는 조직체에 존재하는 위
험 요소로 나타날 수 있다. 혁신 로드맵은 제품이나 시스템
의 진화적인 단계를 예측하기 위한 8가지 진화 패턴을 사용
함으로써 만들어진다.

17. 여덟 가지의 진화 패턴

알츠슐러는 8가지의 진화 패턴을 제시했다. 첫 번째 패턴은 이상성 증가의 법칙인데, 모든 시스템은 유용한 효과와 해로운 효과를 함께 가지고 있다는 것을 말한다. 예를 들어, 자동차라는 시스템은 당신을 A 지점에서 B 지점으로 이동시켜 주는 유용함을 갖지만, 다른 한편으로는 환경을 오염시키는 역할도 수행한다. 그래서 시간이 흐르는 동안, 자동차는 해로운 효과는 감소시키는 반면에 유용한 효과를 향상시키는 방식으로 진화했다. 따라서 어떤 시스템의 목표는 당신이 이상적인 것에 접근하게 하는, 즉 해로운 효과에 대해서 유용한 효과의 비율을 극대화시키는 것이다.

　두 번째 패턴은 기술적 진화의 단계이다. 이 단계는 성숙도 지도의 틀을 기반으로 해서 만들어지는 S자 곡선이다. 제품이나 시스템은 마음속에서 구상되고, 그것이 현실의 시점에 도달할 때까지 지속된다. 그리고 혁신은 채워지지 않은 요구가 채워질 때까지 해결되지 않는 문제와 모순을 갖는다.

　이후에 시장은 새로운 시스템의 가치를 인식하고 새로운 문제와 모순을 극복하기 위해 투자가 이루어진다. 낮은 수준의 혁신 상황에 새로운 변화의 물결을 일으킴으로써 S자 곡선이 가파르게 위쪽으로 향하면서 이익이 증가한다. 하지만 이 단계에서 시스템의 개선은 점점 느리게 진행되고, 이익은 정체되거나 감소하기 시작한다.

　개인용 컴퓨터 시스템이 발명으로부터 상품화를 거쳐 폐기되기까지의 과정은 좋은 사례가 된다. PC가 처음으로 이용 가능하게 되었을 때, 가격은 비싸고 문제도 많았다. 그리고 PC를 판매해서 돈을 벌기도 어려웠다. 그러나 이후 정보기술에 대한 수요가 증가하면서 PC 산업은 소량 구매에서 대량 구매의 단계로 빠르게 이동했다.

오늘날, PC 기술은 이익성의 한계에 도달했고, 인터넷에 의해 조성된 변화의 흐름에도 영향을 받고 있다. 즉 더 많은 사람들이 오직 인터넷을 사용하기 위해서 여전히 PC를 필요로 하고 있다. 그러나 아무리 PC를 잘 만든다고 해도 이익은 아주 제한적이다. 왜냐하면 PC를 생산하는 과정은 이미 유용성 측면에서 극대화되었기 때문이다.

델Dell은 이러한 상황을 PC의 주문 방식과 유통 방식에 변화를 주어야 할 시기라고 판단했다. 델은 전략적인 시각으로 PC의 S자 곡선을 보았고, 바로 그 시점이 기존의 법칙을 바꿀 때라고 생각했다. 그리하여 델은 PC의 생산 과정과 유통 방식, 서비스 방식에서 새로운 비즈니스 모델을 만들었다. 결국 델은 새로운 시스템으로 매출과 이익을 증가시켰던 것이다.

델의 이러한 비즈니스 방식은 낮은 수준의 혁신이다. 왜냐하면 PC의 기본 기술은 한동안 변하지 않았기 때문이다. 그리고 새로운 혁신을 가져 올 다른 S자 곡선들은 아직까지 반영되지 않고 있다. 예를 들면, 어느 S자 곡선은 손바닥 크기의 휴대용 컴퓨터가 실험되고 있음을 나타내며, 또 다른 S자 곡선은 안경이나 옷 등에 내장하는 초소형 컴퓨터의 등장을 나타내고 있다. 델에서는 몇 사람만이 예측 가능한 눈으로 그러한 S자 곡선을 보고 있을 것이다.

　세 번째 패턴은 시스템 요소와 결합되지 않은 개발이다. 이 패턴에서는 각 시스템의 구성 요소가 그 자체의 S자 곡선을 가지고 있다. 그러므로 다른 구성 요소들은 각기 다른 스케줄에 따라서 진화하고, 다른 시점에서 기존의 한계에 도달한다. 이것은 순서대로 특정한 구성 요소가 전체적인 시스템 과정을 억제할 수 있을 때, 모순과 제약 요소를 만들어 낸다.[31]

　전략적 트리즈의 실천가는 제약 요소들을 발견하기 위해 시스템을 분석한다. 전술적 트리즈의 실천가들은 그러한 제약을 해결하기 위해서 모순 해결 매트릭스를 사용한다. 혁신의 장애물은 물리적 모순이거나 기술적 모순, 아니면 모순의 한 덩어리이다. 만약 당신이 그러한 모순을 해결할 수 있다면, 당신은 제약 요소의 한계를 돌파하고 도약할 수 있다.

　네 번째 패턴은 역동성과 통제력을 증가시키는 진화이다. 이것은 시스템이 시간의 흐름에 따라 유동성이 커지고, 또한 관찰하기 쉬워진다는 것을 의미한다. 예를 들어 우리는 제조 과정에서, 기계화 부품들을 교환하는 능력이 생산 과정의 수

용력을 통제하는 능력과 만나는 곳에서 이러한 진화 패턴을 볼 수 있다. 또 다른 예는 우리가 소비자와 생산자 사이에서 볼 수 있는 활동성이다. 온라인으로 은행 업무를 처리하고, 주식을 교환하고, 물건을 구매하는 상호 교환을 향상시키면 활동성은 증가된다.

만약 당신이 상호 교환의 사업을 활성화시키면 상품과 서비스 포트폴리오의 하부를 살펴볼 수 있다. 당신은 시스템을 진행시키는 진화의 구조적인 패턴을 살필 것이다. 만약 비즈니스의 세계가 항상 증가하는 활동성과 통제성을 향해서 움직이고 있다면, 당신은 그 움직임 속으로 합류하기를 원할 것이다. 진화의 목소리를 듣는 것과 당신이 무엇을 해야 하는지에 대해 말해 주는 내용을 받아들인다면, 당신은 바람에 대항하지 않고 바람을 타고 날고 있는 것이다. 8가지 진화 패턴들은 혼란 속에서 당신이 해야 할 일을 말해 줄 것이다.

다섯 번째 패턴은 증가된 복잡성, 그리고 단순화이다. 이것은 많은 기능성을 제공하는 단순해진 시스템에서 처음에는 복잡성이 증가하지만, 시간에 지남에 따라 붕괴되는 작용을 하는 시스템에서 나타난다. 예를 들어, 카메라는 초점과 플래시 같은 기능들이 더해질수록 더 복잡해진다. 그러나 나중에, 이러한 기능들은 다양한 기능을 수행하는 능력을 제공하는 시스템에서 자동화된다.

한때 피자 가게에서는 가정으로 배달하는 것을 좋은 아이디어라고 생각했던 때가 있었다. 그래서 주문을 받는 것, 주소를 적어 놓는 것, 그리고 배달원을 배치시키는 것 같은 몇 가지 작용들이 더해졌다. 그 시스템은 더 큰 기능성을 제공하기 위해 복잡성을 증가시킨 것이다. 하지만 요즘의 피자가게는 당신이 피자 가게로 전화를 걸면, 집 전화번호는 물론 주소와 당신이 주문했던 내역까지 그대로 보여주는 자동화된 시스템을 가지고 있다. 증가하는 복잡성은 더 큰 단순성으로 대체되었고, 어떻게 해야 시스템이 더 발전할 수 있는지를 설계하고 있다.

여섯 번째 패턴은 조화되는 요소와 조화되지 않은 요소의 진화이다. 즉 진화 시스템의 요소들은 임무 수행을 향상시키거나 원하지 않는 결과를 보상하기 위해 조화되거나 조화되지 않는다는 것을 말한다. 따라서 이 패턴은 당신이 시스템의 생명 주기를 확장하거나 그 시스템을 새로운 것으로 교체

할 수 있는지에 대한 판단 요소들의 구성이라는 것이다.

시스템의 요소들을 조화시키는 것은 동일한 기능적 상태를 유지하는 것이다. 즉 흡입력을 이용하는 진공청소기는 단순 흡입에서 진동하는 흡입으로, 그 다음에는 공진하는 청소기로 진화할지도 모른다는 것이다. 나중에 이러한 형태에서 공기로 빨아들이는 흡입 활동은 회전 솔(파워 노즐의 회전하는 부분)을 적용함으로써 확장된다. 청소기에 회전하는 솔을 추가하는 것은 조화되는 요소의 진화이다. 왜냐하면 이것은 흡입 활동이라는 오직 하나의 기능만을 발전시키는 한 부분을 추가했기 때문이다.

조화되지 않는 요소들의 진화에 관한 예를 들면, 자동차의 완충 장치 또는 타이어가 부착되는 방식이다. 타이어의 회전 기능과 승객의 안락함을 위한 기능이 자동차 시스템 속에 존재하는 것이다. 그리고 그 요소들은 두 기능을 가능한 가장 큰 범위까지 진화시키는 방식에 연결될 필요가 있다.

과거에 마차를 지탱하는 네 개의 바퀴는 볼트로 연결되었기 때문에 진동이 너무 심했다. 최초의 증기 기관 자동차는 기능적 요소들을 부조화시키는 방향으로 진화하는 기본 시스템만 갖추었다. 그렇지만 이러한 초기의 자동차는 진화를 거듭함으로써, 오늘날에는 도로의 상태에 따라 스스로 작동하는 정교한 완충 장치를 가진 자동차 시스템으로 발전했다.

일곱 번째 패턴은 거시적 수준에서 미시적 수준으로 향하는 이동 법칙이다. 이 패턴은 과학기술적인 시스템이 거대한 시스템에서 미세한 시스템으로 변화하는 경향을 보여준다. 또한 에너지 분야의 다른 시스템은 변화하는 동안 더 나은 통제력을 갖게 된다는 것을 말한다.

초기의 컴퓨터는 기계적으로 카드를 읽는 거대한 시스템이었다는 것을 기억하는가? 연산 작업을 위해 컴퓨터를 사용하는 분야에서는 기계적인 시스템에서 전기적인 시스템으로 변화했고, 기계의 크기는 더욱 더 작아졌다. 이것은 열에너지로부터 원자에너지로 변환되는 시스템과 같다. 우리는 원자력이 석탄과 석유의 대체제로 규정되었고, 그러한 기능을 수행하기 위해서 필요한 공간이 작아지는 것을 보았다.

일반적으로 하나의 시스템은 점점 더 작아지는 에너지 영역으로 전개된다. 시스템은 기계적인 상호 작용의 분야에서 시작하여 전기적인 상호 작용의 영역을 향해 진보하며, 가장 작은 크기로 진화한다. 트리즈 전문가에게 이러한 분야들이 동일한 시스템 내에서 어떻게 연결되는지, 그리고 시스템들이 미시적 수준을 향해서 어떻게 전개되는지를 아는 것은 매우 중요하다.

여덟 번째 패턴은 인간의 개입을 감소시키는 진화 패턴이다. 그리고 이것은 누구에게나 즉시 명확해져야 한다. 세탁기, 리모컨, 전동식 창문, 자동차, 그리고 사회 속에 존재하는 모든 것들은 이러한 패턴을 따른다. 그리고 일부 극단적인 사람들은 자신들의 생각만으로 물체를 이동시킬 수 있을 때까지 이러한 진화는 계속될 것이라고 믿는다.

8가지 진화 패턴들은 서로 연결되어 있기 때문에 하나의 패턴은 다른 패턴의 통로로 이용될 수 있으며, 상황에 따라서 상호 의존성을 갖는다. 예를 들어, 조화되거나 조화되지 않는 요소들의 패턴은 혁신가들이 핵심으로 가는 지름길을 결정할 때 도움을 준다. 이러한 시스템은 조화되는 요소들의 과정 속으로 가는 방식이기보다는 기능적으로 다르지만, 서로 의존하는 요소들(부조화)과 연관되는 방식으로 전개될 지도 모른다.

이로써 증가된 복잡성과 그 다음의 단순화 패턴은 공학자들이 조화되지 않는 요소들을 발전시키는 새로운 시스템을 설계할 때 적용할 수 있다. 초기의 혁신적인 적용은 조화롭지 못한 시스템을 더 복잡하게 만들었지만, 나중에 그 시스템은 더욱 더 단순화 되었다. 그리고 그 시스템은 미시적 수준으로 향하는 진화와 더불어 사용자가 늘어남으로써 더 작아지게 될 것이다.

하나의 진화 패턴이 특정한 상황에 놓여 있는 다른 패턴들보다 혁신으로 나아가는 길을 더 밝게 비춰 줄 수도 있다. 그러나 대부분의 기술 발전 지침서는 8개의 진화 패턴들 중에서 하나 이상을 구체화 할 것이다. 트리즈 전략가들은 기술의 발전이 구체적인 문제를 해결할 수 있는 것으로 보지 않고, 진화 패턴의 구체적인 표현이라고 본다. 이것은 각 패턴들이 설계되고 형상화 되며, 함께 결합됨으로써 트리즈 전략가들이 선호하는 방식이 된다.

트리즈 전략가는 기본적인 사회 욕구를 충족시키는 특정 혁신을 구성하기 위해 진화 패턴과 원리에 집중한다. 따라서 트리즈 전략가는 더 실제적으로 게임을 즐기려는 고객의 욕구를 해결하기 위해 플레이스테이션 게임기의 주파수를 늘리는 방법에 대해 알고 싶어 하지 않는다. 그들은 고객이 오락용 게임에 참여하는 것이 무엇을 의미하는지, 그리고 그것의 혁신적 구체화를 어떤 진화 패턴이 결정하는지를 알고 싶어 한다.

우리는 4부에서 가장 혁신적인 시스템이 갖는 공리적인 설계의 한계에 관해 논의할 것이다. 혁신가의 직무는 지적인 능력을 발휘해서 뛰어난 아이디어를 시스템 설계에 반영하는 것이다. 만약 시스템을 설계하는 엔지니어가 고객의 관점에서 요구와 제한 요소, 그리고 가변성을 생각한다면, 트리즈의 기술자는 고객의 요구에 근거한 관점에서 구조물과 혁신을 생각한다.

트리즈 전문가는 핵심 제품과 시스템의 주기를 알 수 있는 기술적인 로드맵을 구성하기 위해 8개의 진화 패턴을 사용한다. 그들은 제품과 시스템이 이익을 창출하는 시기가 언제인지, 그리고 이익이 감소하는 시점은 언제인지를 예측하기 위해 성숙도의 지도를 작성해 본다. 또한 그들은 오늘 우리에게 존재하는 것과 미래에 다가올 것이 무엇인지에 대해서 불명확한 것들을 구체화하기 위해 진화 패턴을 사용한다.

18. 6시그마의 진화 과정

우리는 2부에서 전략적 트리즈의 모범적 사례를 제시했는데, 여기서는 더 의미가 깊은 전략적 트리즈를 제시하려고 한다. 그러나 우리는 체계적 경영의 실제인 전략적 트리즈의 성숙이 전술적 트리즈의 성숙 단계로까지 발전하지 못했다는 것을 인정할 수밖에 없다. 비록 8가지의 진화 패턴이 몇 가지의 DMAPI 방법론으로 실행되었지만, 전략적 트리즈를 실행한 사례의 내용을 보면 상당히 빈약하다고 말할 수 있다. 하지만 그러한 방법론은 발전을 거듭하기 위한 S자 곡선을 찾아내기 전의 여러 가지 방법론 중 하나의 사례일 뿐이다.

이 책은 경영의 방법론에 관한 책이므로 조직 생활 초기의 성공적 비즈니스를 위한 8가지의 진화 패턴과 전략적 트리즈의 전망을 살펴보는 데 유용할 것이다. 경영에 있어서 과거 100년 동안의 모든 발견은 탁월한 비즈니스로 인식되거나 통합된 틀 안에 체계화되었다. 그러한 발견은 창조의 사이클 안에 그 다음 단계를 구축하고, 투자에 대해 더 많은 가치를 가져다준다. 이처럼 과학적 발견의 단계, 기술적 진보, 비즈니스 시스템은 매우 복잡 미묘하기 때문에 성과를 위한 방법론은 반드시 필요하다.

창조의 사이클은 결코 중단되지 않을 것이며, 선택은 확대되고, 개별 상품들의 수준은 높아질 것이다. 이에 따라 경영은 기술 집단으로부터 가치 있는 교훈을 얻게 될 것이다. 상품 영역에서는 기술의 표준 및 통합의 범위에서 큰 선택의 차이가 있다는 것을 알 수 있다. 사실 수많은 아이디어들이 개발되지만 소수의 아이디어만이 상품화되어 출시된다. 그런 상품들조차도 예측성의 알고리즘에 따라 극소수만이 글로벌 표준으로 인정받는다.

오늘날 이런 사례들은 비즈니스로 수익을 내기 위해, 연구

개발에 자원을 투자하기 위해 기술이 통합됨으로써 사실상 거의 모든 산업에서 찾아볼 수 있다. 때때로 혁신의 특정한 결과는 합성된 기술로 창조되기 위해 결합된다. 그런 다음 새로운 기술은 새롭게 결합되는데, 이에 관한 하나의 사례로 카메라폰을 들 수 있다. 현재 당신이 가진 휴대폰에 동영상 촬영 기능이 없거나 카메라 기능이 없다면, 그것은 곧 열등한 상품이다.

일단 새로운 표준이 TMQ와 같은 양질의 프로그램을 실행하기 위한 기준이라면, 그것은 양질의 기능 개발Quality Function Development, 즉 적기 생산과 적기 납품을 위한 첨단 방법으로 고려될 수 있다. 또한 경영의 계층 시스템을 설계하기 위해, 평가 시스템을 만들기 위해, 체계적인 예측 사이클을 구축하기 위해서도 고려될 수 있다. 이들 방법론이 진화함으로써 실행자들도 새로운 능력과 기술을 갖게 되었고, 지적 소유권과 노하우라는 기초 능력을 향상시키게 되었다.

6시그마는 한때 TQM 스타일의 품질 관리 프로그램이었다. 이후 6시그마에는 적기 생산, 적기 납품 방식JIT과 품질 기능 배치를 수행하는 품질 기능 전개 기법QFD이 더해지고, 프로세스 관리 기법이 추가되었다. TQM이라 불리게 된 것은 1908년부터인데, 1908년은 W.S. 고셋Gosset이 기네스 양조장의 품질 분석 정보에 도움을 줄 수 있도록 통계적인 실험을 발전시킨 해였다. 비슷한 시기에 A. K. 엘랑Erlang은 무작위성으로 알려진 산업에서 서비스의 신뢰성을 높이기 위한 방법으로 코펜하겐 전화 회사의 통화 품질 문제를 연구했다. 당시 엘랑은 대기 행렬 이론과 신뢰성 이론을 현대화로 이끌었을 뿐만 아니라, 산업 설비에서 가능성 이론을 적용한 첫 번째 수학자가 되었다.32

그리고 벨연구소에 근무하던 월터 스왓Walter Shewhart은 PDCA 사이클Plan(계획) – Do(실시) – Check(검토) – Act(활동) 이론으로 1930년대의 품질 관리 이론 발전에 중요한 역할을 했다. 그는 현대 품질 관리의 아버지인 에드워드 데밍W. Edwards Deming의 정신적 지주였다. 또한 벨연구소에서 같이 일했던 덧지Dodge와 로밍Roming이 샘플링 검수 방법을 제시했다.33

1940년대와 1950년대에는 교육과 실행이 가능한 품질 관리 시스템으로 통계 품질 관리SQC 기법이 등장했다. 이후 에드워드 데밍과 조셉 주란Joseph Juran의 도움을 받은 일본인들이 철저한 품질 관리를 실천함으로써 품질 관리의 DNA는 시스템적인 구조로 완성되었다.

개별적인 제품과 서비스를 관리하는 영역에서처럼 생산자와 소비자를 위하여 더 많은 복합성을 창조하는 방식과 기능들이 추가되었다. 그러나 시간이 지남에 따라 복합성은 더 간단한 제조 방법을 위해 시스템이 통합되고 간단해지는 방식으로 바뀌었다. 이것은 당신이 10년 전에 구입한 컴퓨터와 프린터가 오늘날의 컴퓨터와 비교할 수 없을 만큼 비싸면서도 품질이 떨어지는 이유다.

트리즈의 진화 법칙으로 보면 하나의 시스템이 더 기능화되고 복잡해질수록 그 시스템은 더 많은 부분으로 확장된다. 그러나 시간이 지남에 따라 더해지는 기능화는 더 단순화된 디자인으로 돌아온다.

예를 들어, 연필은 처음에는 한 조각의 나무와 일정 길이의 연필심으로 구성되었다. 이처럼 단순한 필기 시스템은 '동일성의 단일 시스템'이다. 그 다음 누군가가 그 연필에 지우는 기능을 더했을 때, 그것은 동일성의 단일 시스템에서 '이질성의 상호 시스템'으로 변화된다. 이때 연필은 동일한 시스템 안에서 쓰기와 지우기의 서로 다른 두 가지 기능을 수행하는 것이다.

더 많은 시간이 지난 후, 연필에 여러 가지 색상의 연필심을 결합함으로써 원하는 색으로 글씨를 쓸 수 있게 되었다. 트리즈의 관점에서 보면 지우개가 있는 연필은 이질성의 기능이 결합된 시스템이라고 말할 수 있다. 즉 하나의 기능에 복합성을 더함으로써 하나 이상의 기능을 수행하게 된 것이다.

지금은 하나의 연필심에 여러 가지 색상을 넣어 제작함으로써, 연필을 잡는 각도에 따라 다양한 색으로 글씨를 쓸 수 있는 멀티-컬러 연필을 사용할 수 있다. 이러한 진전으로 인해서, 우리는 한 가지 색상의 글씨를 쓸 수 있는 간단한 시스템에서 다양한 색상의 글씨를 쓸 수 있는 새로운 이질성의 단일 시스템을 갖게 된 것이다.

연필의 발전 과정은 각 시스템들이 기능을 유지하면서 단순함을 증가시키는 방향으로 발전한다는 것을 보여주는 대표적인 사례라고 할 수 있다.[34]

진화의 힘에 의해서 통계적 품질 관리SQC는 조직체의 모든 부분과 기능 속으로 확장되고 다양화 되었다. 그리고 알만드 훼이겐바움Armand Feigenbaum이 '전사적 품질 관리TQC 혹은 TQM' 라는 용어를 만들 때까지 일본인들은 품질 관리를 주도했다. 단일성의 단일 시스템SQC으로 회사 내의 품질 관리를 처리했었지만, 나중에 관리 기능이 확장된 다양한 시스템인 TQC로 진화했다. 이후에 품질 관리 시스템은 전 세계의 다양한 업종에서 이용되었다.

1950년대에 일본에서 린Lean 제조 기법의 선두주자들은 프로세스, 낭비 제거, 재고품 관리, 그리고 작업 속도의 개선 방법을 발전시켰다. 비슷한 시기에 러시아에서 기술자 팀은 제품, 프로세스, 그리고 조직체적 혁신의 경험적인 토대를 발전시키고 있었다. 또한 일본에서는 방침 관리 방법들을 발전시키고 있었는데, 이는 전략적 우선순위 주변에 있는 조직체의 기능과 프로세스를 연결하는 것이었다.

1970년대, 1980년대, 1990년대의 빠른 흐름은 이전에는 세분화 되었던 시스템들이 더 단순화 되고, 더 통합된 버전을 형성하도록 했다. 우리는 TQM의 발전 과정을 살펴보면서 말콤 볼드리지의 품질 관리 기준에는 배치의 용이함과 적용의 용이함을 위해 SQC의 모든 수단들이 함께 이용된다는 것을 알게 되었다.

TQM의 구성 요소들은 BSC와 같은 다른 경영 기법과 연결되어 이용되었다. 모토로라는 6시그마라 불리는 방법론으로 품질 관리와 프로세스 개선을 시도했다. 그들은 품질의 수준을 100만 개의 제품 중 3.4개의 결함 제품이 발생하는 정도로 품질을 관리했다.[35]

진화적 흐름으로 보면 6시그마는 처음에는 품질 관리에서 프로세스 개선으로, 다시 비용을 줄이는 형태에서 판매와 마케팅으로 적용 범위를 넓혔다. 또한 재정적인 이익을 명확하게 하기 위해서 통계적 숫자 관리 기능이 강화되었다. 이후 6시그마는 TQM 기능을 더해서 경영진에게 가시적인 성과와 방법을 보여줌으로써 개선 기법으로서의 우수성을 인정받는다. 6시그마는 실무자나 관리자가 모두 이 시스템을 이용하게 함으로써, 최고경영자가 관리하고자 하는 여러 사항을 보여줄 수 있다는 점에서 경영자들이 선호한다.

6시그마는 프로그램 실천 계획, 인터넷 학습, 그리고 다른 소프트웨어 보조물과 기술들을 적용함으로써 복잡한 내용을 단순화했다. 또한 6시그마는 진화의 원리에서 보면 '단순화를 위한 복잡성'과 '인간 개입의 축소'를 이용해서 진화했다. 그러나 6시그마는 여전히 품질 관리기법의 연장이며, 개선의 도구일 뿐이다.

혁신 로드맵 만들기

개선의 리더십	혁신의 리더십
문제가 생기면 진화함	사전에 준비된 진화
비즈니스의 질	비즈니스의 혁신
특별한 기술에만 테스크 포스 가동	개선과 혁신을 결합한 진화
전략적인 천재성에 의해 진행됨	방법론에 의해 진행됨(DMAPI)
조직은 시장의 압력에 대응해서 진화함	비즈니스의 성숙도를 면밀히 계획함
제품과 프로세스의 성숙도를 추정함	조직적인 진화를 예측할 수 있고 준비할 수 있음

창의적 혁신을 위한 행동 원칙

- 전략적으로 생각하고 계획하라. 그래서 당신의 혁신 노력으로 비전, 목표, 그리고 회사의 목표를 뒷받침하라.
- 혁신의 습관을 만들어라(데밍과 주란이 습관적인 품질을 만든 것처럼)
- 모든 비즈니스의 전략은 궁극적으로 진화의 원리에 조직이 적응하는 방향으로 나아가야 한다.
- 시장과 경쟁 분석 대신에 여러 세대에 걸쳐 진화된 패턴과 진보된 특허를 분석해 보라.
- 당신의 제품과 서비스의 이익이 발생하는 시점을 알고 당신의 혁신 주기를 관리하라.
- 혁신을 계획하고 실행 결과를 정량적으로 감독할 수 있는 트리즈 전문가를 임명하고 훈련시켜라.

4부

탁월한 기업으로 진화하기

탁월한 기업의 틀에 맞는 구조화된 혁신은 어디에 있는가?

"기반이 튼튼한 회사는 급진적인 혁신을 이룰 수 있고, 그들의 전통적인 핵심 사업을 계속해서 유지할 수 있다."

찰스 오렐리 3세 Charles A. O'Reilly Ⅲ**와 마이클 투쉬만**Michael L. Tushman

19. 개선만으로도 충분했었다

1부에서 우리는 시간이 흐름에 따라 다양한 기업들과 경영 기법들이 구체화한 생산성과 품질, 그리고 혁신을 불러일으킨 동기에 대해 논의해 보았다. 그리고 2부와 3부에서는 트리즈가 전술적 수준과 전략적 수준에서 어떻게 혁신을 가져올 수 있었는지에 대해서도 구체적으로 살펴보았다. 또한 3부에서 우리는 품질 관리 방법론이 어떻게 발전해 왔으며, 가장 발전된 형태인 6시그마의 형태로 어떻게 진화했는가에 대한 분석을 제시했다. 그리고 이제 4부에서는 트리즈를 도입하기 위한 의사 결정 환경을 제시하는 비즈니스의 독창성과 성과를 촉진하기 위한 또 다른 경영 기법들에 대해 살펴볼 것이다.

1954년에 피터 드러커는 〈경영의 실제The Practice of Management〉라는 책을 집필했다. 그는 이 책에서 기업들이 통합된 시스템도 없이 다양한 프로그램과 독창성을 연관시켜서 일하는 경향이 있다고 주장했다. 그는 이러한 경향을 '활동성의 함정'이라고 말했는데, 이것은 목표 관리MBO의 기반이 되었다. 경영의 복잡성을 구체화 된 틀로 통합해야 하기 때문에, 급속도로 발전하는 조직에서 MBO는 통합의 밑바탕이 되었다.

오늘날 대부분의 기업들은 그들의 업무 수행에 대해 작동을 통제하고, 예측성을 일정 수준으로 높이기 위해서 MBO의 일부분을 실행한다. 그러나 MBO의 구조는 목표를 설정하고, 그 목표들을 성취할 수 있는 수단을 선택하는 어떤 합리적인 접근과 관계없이, 오로지 대담한 목표들을 테이블 위에 놓고 경영진에게 그 목표들에 대해 책임을 묻는 방식이다.

달리 말하면, 조직이 다양한 선택 사항 중에서 어떤 비즈니스 방식을 선택하고 실행해야 하는지를 어떻게 알 수 있겠는가? 6시그마 또는 6시그마의 설계DFSS와 같이 더 신뢰할 수 있는 과감한 개선을 언제 실행하는 것이 좋겠는가? 또한 기본적인 경영 프로세스가 효율적으로 활용되려면 언제 실행하는 것이 적합한가? 그리고 트리즈와 함께 패러다임의 변화를 혁신하는 최선의 시점은 언제인가?

조직체는 공상적인 목표, 혹은 무모한 목적에 근거한 전략적인 방향과 전술적인 수단에 휘둘려서는 안 된다. 때문에 아메리칸 드림을 꿈꾸든, 다른 무엇을 꿈꾸든지 간에 리더십은 반드시 필요하다는 것이다. 그리고 꿈을 실현하기 위해서는 사람들을 움직이게 해야 한다. 큰 목표를 설정하는 것만이 비즈니스를 획기적인 성공으로 인도하는 것은 아니다. 오히려 다양한 목표와 계획을 수립해 보는 방법으로 현재의 조직 체계에 신중하고 과학적으로 접근해야 한다. 즉 적합한 시기에 적합한 전술을 적용하고 실행할 수 있는 방법을 선택해야 하는 것이다. 비즈니스를 성공으로 인도하는 것은 허황된 목표가 아니라 적합한 시기에 적합한 행동을 취하는 것이다.

사람에게는 각자 자신의 정체성이 있는 것처럼 기업도 나름대로의 정체성이 있다. 또한 인류가 시간이 지남에 따라 진화했던 것처럼 기업의 시스템도 시간의 흐름에 따라 진화한다. 따라서 달성하기 어려운 목표를 정하는 방식이 아니라, 자연적으로 진화가 이루어지는 것처럼 변화하는 것이 좋다. 그리고 어떤 특정한 방법이나 창의성에 대해 말하기 전에 사업을 성공으로 이끌 수 있는 전체적인 구상에 관해 생각해 보아야 한다.

단순하게 생각하면, 모든 비즈니스는 회사를 더 좋고, 더 빠르고, 더 값싼 제품을 만들기 위한 과제를 해결하려는 기업 활동이다. 그러한 기업 활동에는 생산과 서비스, 프로세스가 효율적이고 신속하게, 저렴한 비용으로 실행될 수 있도록 하는 기업 행위가 모두 포함된다([그림 19-1]을 참조).

또한 기업 활동은 다양한 경영 수단을 총동원하는 것이다. 각 경영 수단은 품질을 향상시키는 것에서better, 프로세스를 재설계하는 것에서better still, 재창조와 성장을 이루는 것에서a lot better, 불량품과 재고품을 최소화 하는 것에서faster, 공정의 구조를 변경하는 것에서fast again, 그리고 기업의 재편과 인수 합병, 기술 개발과 같이 의도한 창의성의 부산물과 결과물로써 가격을 낮추는 것cheaper에서 일정한 역할을 수행한다.

경영 관리를 위한 도구들은 회사의 병을 치료하는 수술용 칼이라 할 수 있다. 실제로 더 좋은 제품을 더 빠르게, 더 저렴한 가격으로 제공하려는 상호 연관된 목

획기적인 성과의 3요소

6시그마

린 (Lean)

더 좋게   더 빠르게

더 저렴하게

비용 절감

[그림 19-1] 일반적으로 말하는 6시그마는 더 좋은 상품과 더 좋은 프로세스를 만들기 위한 방법이다. 린 방식은 신속한 운영을 가능하게 한다. 두 요소는 상호 작용을 함으로써 비용을 저렴하게 만드는 것에도 영향을 준다.

표들은 사람의 몸속에 발생하는 건강상의 문제처럼, 제대로 된 경영을 막는 문제점들을 만들기도 한다.

제품이 최대한의 기능을 발휘할 수 있도록 자극해야 하는 것처럼 기업도 마찬가지다. 원고를 쓰거나 장난감을 만들 때처럼 우선 만들어 놓고, 그 다음에 더 좋게 더 빠르게 더 저렴하게 고쳐야 하는 것이다. 이런 방법을 전체 기업에 적용하기 위해서는 특정한 가치와 실행 방법, 원칙, 노하우, 그리고 도구들이 필요하다.

당신은 전략적 사고를 위한 도구를 가지고 있어야 한다. 그것은 혁신을 위해 당신의 사고를 돕는 도구이자, 새로운 영역을 공략할 수 있도록 도와주는 도구이다. 그리고 당신이 공략한 영역을 차지할 수 있도록 해주는 도구로서 전략적 기획의 도구, 소프트웨어라는 도구, 데이터와 정보의 도구, 개선을 위한 도구, 기본적인 도구, 고급 도구, 특수화된 도구가 필요하다.

당신이 고객에게 제공할 상품과 서비스를 가지고 있는 것처럼, 당신은 자신의 비즈니스 도구 상자 속에 앞서 말한 도구들을 갖추고 있어야 한다. 뿐만 아니라 도구 선택의 폭이 급격하게 늘고 있다. 그러한 도구들은 잠재적인 힘을 반영하기도 하지만, 린이나 6시그마, ISO, 고객 관계 관리, 리엔지니어링, 지속적인 개선 활동이 경쟁자를 불러들임으로써 혼란을 일으키는 원인이 되기도 한다.

비즈니스의 승자란 자신들의 계획을 자사의 환경에 맞게 효과적으로 적용한 사람들이다. 만약 경제가 내리막길을 걷고 있다면 구조조정을 해야 한다. 또한 생활용품 산업에 종사하는 사람이 스스로 변화시키려고 한다면, 트리즈에 의한 혁신이 이익을 창출할 것이다. 그리고 생산성 개선에 전략적인 초점을 맞추었다면, 기술 이전이 잘 되도록 해야 한다. 만약 업무 프로세스가 혼란 속에 있거나 최우선 상태에 있지 않다면, 6시그마처럼 프로세스를 개선할 수 있는 기법은 도움이 될 것이다.

다음은 1993년에 제미니 컨설팅에서 단 발렌티노Dan Valentino가 발표한 '변화의 이동Transformation'이라는 논문의 일부분이다.

"……대부분의 기업에서는 독창성에 대해 이야기한다. 재무에서는 가치 분석을 할 것이고, 인적 자원은 동기 부여에 관심을 갖게 될 것이다. 생산에는 TQM을 적용하게 될 것이다. 시장은 고객 중심의 프로그램을 가질 것이고, MIS 사람들은 소프트웨어 기반의 쇄신을 하게 될 것이다. 그리고 이러한 최고 수준의 프로그램들은 독창성에 초점이 맞춰져 확산될 것이다."36

이 논문의 내용은 10년 전에도 그랬던 것처럼 오늘날에도 진실인 것처럼 보인다. 조화와 균형이 없는 야만적인 힘은 프로그램들이 축적되는 것과 축적되지 않는 것에 영향을 준다. 그래서 하나의 최고 수단은 다른 최고 수단과 결합된다.

그럼에도 불구하고, 서로 다른 두 가지 도구를 하나로 합치는 것은 한 가지에 다른 한 가지를 추가하는 방법이 나쁘다는 본능적인 판단을 떠나서, 경영의 노하우가 퇴보하지 않고 발전하고 있음을 나타낸다. 왜냐하면 가장 좋은 한 가지 수단과 또 다른 가장 좋은 수단을 합치는 것이기 때문이다.

모든 경영 기법은 기업이 역량을 발휘하는 데 도움이 되어야 한다. 우리는 6시그마와 리엔지니어링의 결합, 6시그마와 TQM의 결합, 그리고 6시그마와 린의 결합을 잘 알고 있다. 린 시그마의 경우는 린(빠르게)과 6시그마(보다 낮게)를 조화시킨 것이다. 6시그마와 함께 트리즈를 이용하면 더욱 더 확장된 시너지 효과를 만들어 낼 수 있다.

20. 비즈니스의 통합적 우수성

1993년에 발렌티노는 대기업을 대상으로 실시한 연구 결과를 공개한 후, 다음과 같이 말했다. "우리는 300개 이상의 경영 기법이 기업에서 실행되고 있음을 발견했다. 경영자들이 사용하는 시간의 40퍼센트는 하나 또한 그 이상의 경영 기법에 관한 프로그램으로 채워진다. 하지만 그 프로그램들이 이익을 낼 수 있는지를 평가하는 시스템은 절대적으로 부족하다. 그리고 모든 경영 기법들은 서로 간에 비효율적으로 움직인다."

우리는 이것을 '기업의 브라운 운동Corporate Brownian Motion'

이라 부른다. 물리학에서 브라운 운동이란 어떤 부유 물질이 의도되지 않은 여러 방향의 힘에 의해 어느 방향으로 움직일 모르는 현상을 말한다. 예를 들면, 액체나 가스에 존재하는 입자들이 분자와 지속적으로 충돌함으로써, 알 수 없는 방향으로 돌진하는 현상과 같다. 그곳에는 예측 가능한 방향이나 패턴이 없고, 무엇인가 열심히 움직이는 활동만 존재한다. 기업 내에서의 브라운 운동이란 방향성 없이 조직 내에서 이런저런 전략들이 서로 충돌하고 있는 현상을 말한다.

1993년 이후로 경영 기법들은 상당한 발전이 이루어졌다. 발전된 경영 기법들은 기업의 힘을 한곳으로 집중시키는 역할을 했으며, 그 중에서 6시그마도 투자 대 효과ROI에 근거한 독창성의 영역 안에서 추진된 것으로 보인다. 그리고 좀 더 넓은 시각에서 보면 인터넷과 기업의 과학기술이 수행한 역할도 무시할 수 없다. 인터넷과 기업의 과학기술이 다양한 성과 개선 도구들과 소프트웨어, 그리고 실천 가능한 지식들, 즉 이러닝e-learning과 코칭, 멘토링 체계 등을 빠르게 만들어낸 것이다.

이제는 비즈니스가 성공하기 위해서 필요한 수많은 요소

들을 기업의 최적화를 위한 요소로 만드는 것은 그 어느 때보다도 실현 가능성이 높아 보인다. 비즈니스의 성공은 하나의 '신성한 수단Holy Tool'을 선택하는 기능을 하지 않는다. 또한 기업 내에서 브라운 운동이 지속되도록 하는 요소들을 확산시키는 기능을 하지도 않는다. 기업의 최적화를 방해하는 요소가 발생했을 때는 타성을 깨뜨릴 수 있는 프로그램을 적용함으로써 문제를 극복할 수 있다.

수십 년 동안 물리학자들은 은하계의 활동과 그 안에 존재하는 모든 것들의 활동을 설명해 줄 수 있는 '대통일이론Grand Unification Theory'을 정립하기 위해 노력해 왔다. 대통일이론을 정립하는 것은 열정적이면서도 이룰 수 없는 사명이며, 성공 가능성도 희박하다. 하지만 여기서 중요한 것은 모든 것들은 상상조차 불가능할 만큼 거대한 인과관계의 거미줄로 연결되어 있다는 사실을 물리학자들이 알고 있다는 것이다. 우리는 이러한 거미줄이 비즈니스에도 존재하지만, 실제로 적용 가능한 공식은 아니라고 생각한다. 중요한 것은 전체는 부분의 합을 능가한다는 사실을 우리가 이해하고 있으며, 따라서 부분을 통합함으로써 전체를 가장 능률적으로 활용해야 한다는 것이다.

비즈니스 리더들은 과학자들이 우주의 법칙을 찾아내려고 노력하고 있는 것처럼, 비즈니스의 우수성과 성과 향상의 인과관계를 이해하기 위해서 노력해 왔다. 우리가 지난 50년 동안 비즈니스의 영향력을 살펴보았다면 포드, 데밍, 드러커, 게이트, 하멜, 워맥, 해리, 월튼, 그리고 그 밖의 많은 사람들을 기억할 것이다. 그들은 각자 사업 개선의 일부 중요한 측면, 즉 조직체들이 더욱 더 좋고, 빠르며, 저렴한 기본적 토대에서 가치를 만들고 창출해 내는 방법을 제안했다. 그리고 그들 중 일부는 하나의 비즈니스가 새롭고 다양한 가치의 상품을 생산하기 위해 스스로 혁신하는 방법에 대한 핵심적 역할을 했다.

중요한 점은 비즈니스의 우수성과 성과 향상이 전체적인 생각과 전체적인 행동으로 충분히 개념화 되고 관리될 수 있는 총체적 현상이라는 것이다. 우리는 이것이 현실화 되어야만 한다는 것을 알고 있다. 우리는 경험이 아닌 직관에 의해서 시장을 앞서가는 선두 기업들은 현재의 기본 토대에서 전략과 개선, 혁신 활동을 서로 조합함으로써 전체로 통합하는 시스템을 가지고 있다는 것을 안다([그림 20-1]을 참조). 바꿔

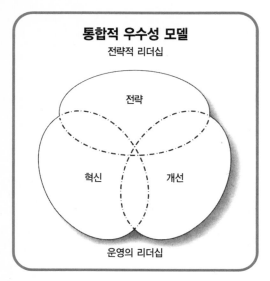

 내부 텍스트:

통합적 우수성 모델
전략적 리더십

전략

혁신   개선

운영의 리더십

[그림 20-1] 모든 비즈니스의 성공은 세계적 수준의 전략과 개선, 상품을 통해 가능하며, 혁신은 전략적, 운영적 리더십의 결합을 통해 시너지 효과를 만들어 낸다.

말하면, 회사의 목표가 더 좋고, 더 빠르고, 더 값싼 제품을 만드는 것이라면, 우리는 전략과 개선, 그리고 혁신의 상호 작용을 극대화시킴으로써 목표를 달성할 수 있는 것이다.

〈하버드 비즈니스 리뷰〉의 논문에서 찰스 오렐리와 마이클 투쉬만은 '다재다능한 조직ambidextrous organization'이라는 용어를 사용했다. 이 조직은 혁신을 통해 스스로 진화하는 동안 지속적인 개선을 통해 기업이 성장을 지속할 수 있도록 한다.[37] 우리는 지속적인 개선, 즉 항상 더 나은 상품을 더 빠르게, 더 저렴하게 만들어 냄으로써 경쟁력의 우위를 선점하는 시대에 살고 있다. 뛰어난 기업들은 항상 현재 실행하고 있는 것들을 개선하기 때문이다. 그리고 이러한 시대에 기업은 경쟁에서 우위를 선점할 수 있는 기회를 얻으려면 끊임없이 주기적으로 기업 자체를 혁신해야 한다.

다재다능한 조직은 새로운 상품과 프로세스를 개발하기 위해 전략을 수립하고, 현재의 것을 개선하고, 혁신하는 사이클을 관리한다. 전략 사상가인 게리 하멜이 "게임의 규칙을 바꿔라!"라고 말한 것처럼 개선과 혁신은 순환적으로 이루어지도록 해야 한다.

엄밀하게는 말하면, 기업이 성과 우수성의 세 가지 주요 요소가 좋은 관계를 유지하도록 하는 한, 그리고 세 가지 주요 요소 안에 들어 있는 각각의 핵심 요소들이 좋은 관계를 유지하도록 하는 한 어떻게 비즈니스를 실행하는가는 중요하지 않다. 그리고 이쯤에서 성과 우수성의 여러 가지 요소들을 하나로 통합해서 모든 부분들이 가능한 한 밀접하게, 그리고 지속적으로 연결된 전체 모델을 고찰해야 한다. 이것은 모든 수학적 결합으로 이루어진 '비즈니스의 대통일 이론Grand Unification Theory of Business'이 아닌 린Lean 방식의 의사 결정을 진행하는 과정의 시작이다.

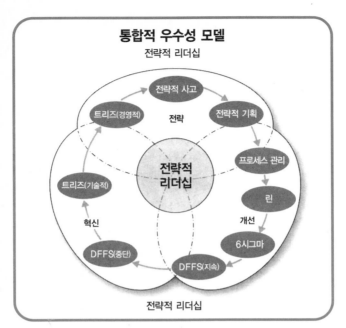

통합적 우수성 모델
전략적 리더십

전략적 사고

트리즈(경영적)   전략   전략적 기획

프로세스 관리

전략적
리더십   린

트리즈(기술적)

혁신   개선

6시그마

DFFS(중단)

DFFS(지속)

전략적 리더십

[그림 20-2] 사업 우수성에 대한 모델이 운영됨으로써 조직은 '기업의 브라운 운동'으로 인한 낭비를 줄이고 시너지 효과를 높일 수 있다. 한 가지 방법론의 결과가 다음 방법론의 원인이 되어 진취적으로 발전할 수 있다. 모든 요소는 전략적 우선순위에 근거하여 진화적 리더십으로 균형이 잡히고, 협동이 이루어지며 통합된다.

우리가 그토록 하고 싶어 하는 것은 무엇인가? 우리는 산만한 의사 결정과 부족한 협동성의 결과를 만드는 쓸모없는 행동들을 제거하기를 원할 것이다. 우리가 경영자로서 더 좋은 결정을 내리고, 더 좋은 계획을 만들 수 있다면 기업은 한

걸음 더 앞선 모델로 진화할 수 있다.

[그림 20-2]에서 보는 바와 같이 우리는 통합적 우수성 Total Performance Excellent을 제안한다. 통합적 우수성은 전략과 개선, 혁신이 유기적으로 연결되어 작용한다. 사람 몸처럼 어느 한 부분이 제대로 기능을 수행하지 못하면, 전체를 구성하는 다른 한 부분도 문제를 일으킨 그 부분으로 인해 기능을 수행할 수 없다.

통합적 우수성 모델TPE을 살펴보면, 전체적인 성과를 위해 여러 가지 유용한 기법들이 동시에 존재하고 있음을 알 수 있다. 우리는 검증된 모델을 더 선호한다. 왜냐하면 우리는 그 모델이 수십 년 동안의 검증을 거쳐서 세계적으로 효과를 인정받았다고 생각하기 때문이다. 우리는 또한 전략과 혁신의 영역이 개선의 영역으로부터 배울 수 있는 것이 많다는 것을 믿는다. 특히 전략과 혁신을 방법론적으로 활용 가능하고, 측정 가능하고, 예측 가능하고, 관리 가능하게 만들 때 더욱 그렇다.

성과 향상을 위한 핵심 의제는 통합적 우수성이 증명된 요소들을 비즈니스 진화의 지속적인 순환 주기에 영향을 미치도록 하기 위해 모든 자원과 수단들을 통일성 있는 시스템으로 결합하는 것이다. 협력하는 분위기에서 진행되는 통합적 우수성의 모든 요소들과 함께, 기업은 그들의 현재와 미래의 제품, 프로세스, 일상 업무, 그리고 서비스를 지속적으로 이익성과 재정적인 성장의 가능성을 증가시키는 방식으로 진보시킬 수 있다.

만약 업무 수행의 우수성이 세계적 수준의 전략적 리더십에 의해 실행되는 개선과 획기적 발견을 위한 혁신 작용이라면, 우리가 이런 주장을 하게 만드는 기본 틀은 무엇인가? 만약 통합적 우수성 모델이 우리에게 방법론의 전체적인 진행 과정을 가르쳐 준다면, 그것의 기초가 되는 생각의 전체적인 진행 과정은 무엇인가? 우리가 처음부터 줄곧 이야기한 것처럼, 우리가 생산과 서비스를 만들고 창출하는 여러 방식에는 우리가 우리의 조직체를 관리하는 규칙에 관해 알아야 할 무언가가 있다. 이러한 질문에 답하기 위해서 우리는 MIT 대학의 교수였던 서남표 박사의 견해를 들어야 한다. 그는 공리적 설계Axiomatic Design의 영역을 개척하였다.

21. 열린 아이디어를 만드는 공리적 설계

서남표 박사는 변화 프로세스에서 고객의 요구를 어떻게 읽어 내야 하는지를 알 수 있도록 매우 논리적인 방법을 제시한다([그림 21-1]을 참조). 서 박사는 품질 기능 전개QFD 기법을 이용해서 고객의 욕구와 요구를 명확히 해야 한다고 말한다. 고객의 요구는 기능적인 요소로 전환시킬 수 있으며, 이 과정이 중요한 이유는 기업 내의 구성원들이 고객의 욕구를 생각하는 것이 아니라 자신의 생각대로 설계하기 때문이다.

그러나 이것 역시 충분하지 않다. 왜냐하면 당신은 기능적인 사항을 이용할 수 있어야 하고, 그 기능적인 사항을 설계

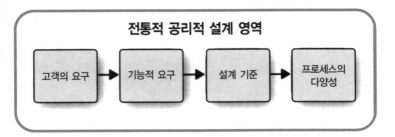

전통적 공리적 설계 영역

고객의 요구 → 기능적 요구 → 설계 기준 → 프로세스의 다양성

[그림 21-1] 효과적인 비즈니스 활동은 여러 가지 중요한 단계를 거쳐 진행된다. 그리고 각 단계들은 '시장에 대한 의견'이나 '현금에 대한 개념'에서 비롯된 생각과 함께 시간과 의존성을 촉진하기 위해 구상된 것들이다.

자나 엔지니어의 언어로 변환할 수 있어야 하기 때문이다. 그들은 크기와 무게, 색깔, 그것이 만들어지고 생산될 때 고객의 요구에 부합하는 필요한 기능을 제공할 수 있도록 생산과정의 모든 물리적인 특성을 정의해야 한다.

우리는 왜 서 박사의 공리적인 설계 구조가 탁월한 업무수행의 한 부분으로 이어지는 최선의 방법인지를 알아야 한다. 그러나 우리는 그가 자신의 모델에서 한 부분을 놓치고 있다는 점을 지적하고 싶다. 지금까지 우리는 고객의 요구를 변환하는 방법을 설계하는 근접한 시스템 내에서 세계적인 수준의 개선과 혁신의 수단들이 어떻게 실행되는지를 논의했었다.

고객의 요구 뒤에 네 개의 공리적인 설계 영역의 범위를 한정짓는 더 큰 수단인 DFSS6시그마의 설계 ; Design For Six Sigma의 일부분인 QFD품질 기능 전개 ; Quality function deployment의 수단을 사용하는 것에 대해 언급했다. 또한 '가치 흐름 공학Value Stream Engineering'도 이용할 수 있다. 여기서 말하는 가치 흐름 공학 이란 기능적 요구를 정의하는 수단으로, 트리즈 또는 다른 수많은 특별한 기능적 정의 기법을 이용한 모델링 기능을 말한다. 그리고 디자인 변수 영역에는 DFSS와 차원 해석법, 공차 분석, 내성 기법, 그리고 다구치Taguchi의 '신호 대 잡음 비' 등과 같은 수단들이 있다.

이 영역들의 각 수단들은 다음 단계의 진보적인 방법으로 인도하는 기능을 하며, 이를 통해 성과 우수성의 실체에 순차적으로 접근할 수 있게 된다. 그러므로 DFSS와 같은 수단 은 진행 중인 다양한 영역에 적용할 수 있다. 만일 상품이나 서비스가 높은 수준의 조립성manufacturability과 전달성 deliverability을 갖도록 구상되었다면, 실제로 상품이나 서비스 가 만들어지고 전달되는 가능성은 극적으로 증가하기 때문 이다.

이것이 바로 시스템이 진행되면서 자연적으로 발생하게 되는 실수를 피하는 '중력 추진 효과slingshot effect'이다. 품질에 대한 고객의 요구가 높은 품질의 기능에 대한 요구로 전환될 때, 그리고 품질의 기능에 대한 요구가 높은 수준의 디자인에 대한 요구로 전환되고, 그에 대한 보상으로 높은 수준의 절차 변화가 요구될 때 DMAIC와 같은 이론은 효과가 줄어든다.

조금 전까지 우리는 이 모든 것들의 한계에 대해 지적해 왔으며, 지금도 그 한계에 대해 논하고 있다. 우리는 서 박사의 공리적인 디자인 모델이 실제적으로 통합적 우수성의 전략적인 구성 요소들을 설명하지 못한다는 것을 안다. 왜냐하면 그것은 고객의 요구에 초점을 맞춘 프로세스이기 때문이다. 그래서 우리는 고객의 요구 영역 앞에 하나의 영역을 추가했다. 우리는 그 영역을 '사회적 요구societal need'로 정의했다([그림 21-2]를 참조).

우리는 경영 관리가 혼합적으로 진화해 가는 과정에서 흥미로운 점을 발견했다. 비록 개선의 방법들이 서로 잘 어울리고, 높은 수준으로 시스템화 되며, 효율적으로 활용되었다

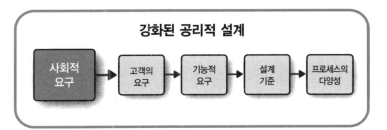

[그림 21-2] 우수한 공리적 설계에 하나의 영역을 더함으로써, 우리는 마치 그것이 현재 기술에 있는 것처럼 고객의 요구에 대한 한계를 벗어나서 더 큰 것을 볼 수 있다. 즉 우리는 기본적인 사회적 욕구의 관점에서 혁신에 관해 생각해 볼 필요가 있다. 이것은 우리가 현재의 기술적 한계를 극복할 수 있는 방법이고, 미래에 개발하여 상업화하는 구상에 몰두할 수 있는 방법이다.

하더라도 전략과 혁신의 방법들은 그렇지 않았다. 적어도 세계적인 수준의 개선 방법들은 스스로 조화되었던 범위 내에서도 효과적으로 조화되지 않았다. 게다가 전략, 개선, 혁신의 세 가지 영역은 스스로도 효과적으로 관련되지 않는다. 그러나 일부는 이 세 가지 영역의 시장 허용에 의한 증거로서 그들 스스로 조화를 이룬다.

우리는 공리적인 설계 모델에 하나의 영역을 더함으로써, 또한 비즈니스의 총체적 이론으로 그 모델을 다시 일상적인 것으로 사용 가능하게 만들 수 있다고 제안한다. 그 이유는 사회적 요구는 인간의 요구를 충족시키기 위한 비즈니스의 절대적인 근간이기 때문이다.

　시계 회사는 시계를 만드는 것이 아니라 사람들이 시간을 알 수 있도록 하는 것이다. 이 말은 시계를 만드는 사람에게 아주 난해한 의미이다. 당신은 손목에 새로운 장치를 부착하게 됨으로써 시간과 커뮤니케이션을 하게 될 것이다. 트리즈의 관점에서 손목시계가 시간을 알려주는 단순한 목적만을 계속 유지한다면, 시계를 대체하여 시간을 알려주는 방식은 얼마든지 존재한다는 것을 깨닫게 될 것이다.

　예를 들어, 고객은 시간을 알고 싶으면 '시간을 알고 싶다'고 말할 뿐, 그 이상으로 자신이 필요로 하는 것이 무엇인지는 말해 주지 않는다. 그래서 고객의 의견을 수집하는 주체는 시간을 알려주는 장치들, 그리고 고객이 보고 느끼고 작용하는 방법에 집중한다. 그러나 고객의 측면에서 보면 이런 일들은 시스템의 개혁이 아니고, 이미 존재하는 시스템의 일부에 지나지 않는다. 비즈니스와 상품을 혁신하기 위해서는 사회적 요구라는 관점에서 바라보는 더 근본적인 질문을 해야 한다.

　우리는 앞에서 의료 장비를 만드는 사람들이 생각하는 과정을 주로 다루었다. 다음 세대의 혁신을 찾는 시점에서, 그 회사의 개발팀은 더 적은 전기로, 더 적은 비용으로 현재의 장비를 대체할 수 있는 제품을 만드는 것에 몰두하고 있었다. 하지만 혁신을 위한 급진적인 구조가 의욕적임에도 불구하고, 여전히 진행 중인 상황에 갇혀 있다.

다시 말해, 가능한 해결책은 존재하는 시스템으로부터 정의된 고객의 요구에 어떻게 부합할 수 있느냐에 맞추어야 한다.

그 개발팀은 기존 고객의 요구 영역에서 벗어나기 위해 트리즈를 사용했다. 사회적 욕구의 관점에서 보면 과학기술에 기초를 둔 인간의 욕구를 해결하기 위한 가능한 해결책들을 만들어 낼 수 있다. 그렇게 함으로써 그 팀의 개발자들은 획기적인 발전의 목표를 실현하는 데 한걸음 더 나아갈 수 있다.

또 다른 사례를 들면, 고형 연료 장치를 만드는 브라이스 Blyth 사다. 우리는 2부에서 고형 연료 장치를 언급했다. 그리고 한 회사가 어떻게 해서 스스로 새로운 영역으로 옮겨 가는지를 설명했다. 연료 장치는 오픈 프레임을 갖는 생산품보다 프레임이 없는 더 안전한 열 발생 주머니를 개발했다. 그것은 또한 음식을 따뜻하게 데우고 싶어 하는 사회적인 욕구에 부합하기 위한 근본적인 질문에서 출발한 획기적인 발견

이었다. 음식을 데우는
장치에 관련된 모든 기
업은 고객의 요구가 오
픈 프레임 모델을 기반
으로 한다고 생각한 반
면, 이 회사는 창의적인
생각으로 음식을 데우는
방법 중에서 또 다른 방
법을 생각해 낸 것이다.

스터노 Sterno가 스스로를 개혁하다

음식을 데우기 위해 불빛과 열을 내는 젤로 채
워진 스터노 캔 대신, 불꽃이 없고 더 안전하
며 더 경제적인 대안이 있다고 상상해 보라.
스터노 그룹은 트리즈를 이용해 음식을 데우는
데 쓰이는 불꽃이 없는 새로운 용기를 개발했
다. 이전에 나온 젤 충전 상품과 동일한 장치
를 이용하지만, 화학약품이 담긴 작은 주머니
두 개를 물이 담긴 용기에 넣도록 만들어진 상
품이다. 이 주머니는 음식을 데우는 동안 불꽃
은 전혀 없다. 스터노가 개발한 불꽃이 없는
열 발생 주머니는 이전의 젤 충전 캔보다 가벼
워서 휴대하거나 보관하기 편하며, 다루기도
쉽다.

　　이러한 혁신의 흥미로운 점은 스터노는 프레임이 없는 주
머니 대체 장치를 개발 중일 때 시장 점유율이 가장 큰 회사
였다. 진화와 혁신에서 가장 중요한 점은 당신의 회사가 지
금 가지고 있는 제품과 서비스에서 새로운 아이디어를 찾아
내는 것이다. 즉 기업은 다른 경쟁자보다 더 고객의 현재 요
구에 부합하는 방식에서 고객의 요구를 변화시키는 혁신으
로 발전하는 것이다. 서 박사의 이론에 기초를 두고, '고객
의 요구'라는 관점에서 생각하는 것에 '사회적인 욕구'의 관점
으로 생각하는 것을 추가하면 매우 유용한 발상 전환이 된다.

이러한 발상의 전환은 곧 전략적 사고이다. 전략적 사고의 본질은 새로운 방식으로 인간의 요구를 종합적으로 충족시키기 위해 기존의 있는 것에서 깨닫는 것이다. 혁신적 리더십이 시작되는 곳이고, 성공적인 업무 수행을 위한 우수한 프로그램, 기능, 그리고 방법들에 의해 확대될 수 있는 최초의 개념들이 만들어지는 곳이다. 그러므로 최초의 개념이 약하면, 기본적인 전략적 목적은 전체적인 가치 고리를 통해 이루어지는 조직체의 능력을 떨어뜨릴 것이다.

이것이 통합적 우수성의 관점에서 접근해야 하는 중요한 이유이다. 그렇게 함으로써 새로운 생산품과 진행 과정을 혁신하고, 불명확한 앞부분을 정의하기 위한 방법들을 찾아낼 수 있다. 트리즈의 방법들은 사회적 욕구를 파악하고, 그것을 충족시킬 수 있는 다양한 생각을 이끌어 내는 특별한 브레인스토밍 기술이다.

따라서 개념에 기초한 전략적 발전은 대부분 디자이너나 엔지니어, 또는 개발팀의 구상과 그들이 제한된 자원 안에서 생각해 낼 수 있는 최선의 노력에 달려 있다. 그리고 조직의 구성원들이 심리적 · 감성적 방법들을 원한다 하더라도, 그에 못지않게 과학적 · 경험적 평가에 기초한 확실하고 믿을 수 있으며, 지속적이고 예측 가능한 방법이 필요하다.

혁신적인 아이디어는 당신의 사업과 제품, 그리고 과정의 발전이 극대화된 영역에서도 견고하다는 것을 명확하게 한다. 만약 당신이 낮은 가치의 개념으로 개선에만 만족하고 있다면, 고객과 주주의 높은 가치를 만들어 내는 당신의 기회는 줄어들게 된다. 그러나 당신이 높은 가치의 개념을 만들어서 혁신한다면, 자연스럽게 조직 내의 제약 요건도 해결될 것이며, 회사의 이익도 극대화시킬 수 있다.

22. 혁신의 리더십

앞에서 이야기한 것들을 배경으로 통합적 우수성TPE 모델을 거시적 관점에서 살펴보도록 하자.

첫째 , 우리는 거대하게 통합된 업무 수행의 과정을 통합적 우수성이라는 모델로 정리했다.

둘째, 그러한 모델이 좋은 지침이 될 수 있지만 경영 관리의 성스러운 성배는 아니다.

셋째, 우리는 그 모델이 전략, 개선, 그리고 혁신의 세 가지 범위를 상호 교차하는 활발함과 연결성을 강조한다.

넷째, 이 모델(수단과 방법)의 요소들은 공리적인 설계에 근거하는 것이 좋다. 그리고 서남표 박사의 프로세스에 사회적 영역을 추가하면 더욱 강력한 것이 된다.

다섯째, 통합적 우수성의 모든 부분은 일부가 다른 것보다 더 중요해 보일지라도, 모든 부분이 최적으로 작용하게 함으로써 전체가 최적으로 작용되도록 한다. 이는 조직체가 운영 연도 별로 또는 분기별로 정치적 지시에 대응하고, 전략적 목적을 수립함으로써 실행될 수 있다.

이와 같이 통합적 우수성 모델에 기초하여 각각의 요소들이 균형적으로 추진되게 하는 것이 바로 혁신 리더십이다([그림 20-2]를 참조).

혁신 리더십에 의해 기업은 복잡한 사회적 요구와 고객의 요구를 반영한 전략적 사고와 함께 통합적 우수성을 추구하기 시작한다. 동시에 기업은 그러한 비연속적인 변화를 충족시키기 위해 계획하고, 그 계획은 시장에서 현재의 시장 지배력을 유지하고 확장할 수 있는 혁신을 시작할 수 있다. 기업이 뭔가 색다른 것을 개발하는 동시에 현재의 지위를 유지할 수 있는 방법에 대해 균형 잡힌 시각을 가지면, 전략적인 계획을 수립하는 방법으로부터 놀라운 가치를 이끌어 낼 수 있다.

전략적인 사고와 전략적인 계획은 비전, 의미 있는 과제, 최우선적인 목표, 정렬된 목적, 합리적인 모순 해결 매트릭스, 극대화된 전술이 연결되도록 한다. 이것은 조직체가 상호 작용을 향상시키고, 새로운 가치를 만들기 위해 혁신을 시도하는 기본 틀이 된다.

높은 성과를 올리고 있는 조직은 전략적 목표에 따라 구성된 가장 중요한 하부 조직의 프로세스를 정의하고 관리하기 위해 '프로세스 관리Process Management'를 이용할 수 있다. 프로세스 관리는 합리적으로 추진된 우선 과제들을 실행하기 위한 창의적인 아이디어를 이끌어 내고 적용하도록 한다. 6시그마와 린Lean은 시간과 품질의 관점에서 개선을 극대화하는 것에 집중되어 있다. 그러나 통합적 우수성TPE은 모든 요소들이 개선과 혁신으로 연결되도록 한다. 또한 TPE는 하나의 회사가 현재의 제품, 능력, 기술, 그리고 프로세스의 극대화를 가능하게 해주기 때문이다.

프로세스 관리와 린, 6시그마의 핵심적인 성과는 운영상의 안정성과 평가의 통합성, 불량품의 감소, 재고품의 최소화, 변동의 감소, 증가한 수익, 능력 개발, 주기의 감소, 비용

감소 등이 있다. 뿐만 아
니라 사람들의 문화 또
한 개선에 전념하는 분
위기로 전환된다.

> "대부분의 비즈니스 리더들은 최신 경영 기법을 배우고 실행하는 데 엄청난 양의 시간을 보낸다. 하지만 그들은 경영 기법을 실행하고, 그것으로부터 가치를 창출해 내는 일은 소홀히 한다. 그것은 기초 공사 없이 건물을 짓는 것과 같다."
>
> ── 래리 보시디 Larry Bossidy

전략적 사고는 지속되
지 않는 변화를 기업의
비즈니스 차원에서 보다
쉽게 하기 위한 수단인데 반해, 6시그마와 트리즈는 때로는
전략적 수준에서 때로는 전술적 수준에서 혁신을 창조하기
위해 사용되었다. 그러한 혁신은 전략적인 생각과 긴밀히 연결
되고 통합적 우수성의 순환 주기를 연결해 주는 역할을 한다.

IBM의 전 회장 루 거스너Louis Gerstner는 "전략은 실행이
다."라고 말했으며, 허니웰Honeywel의 전 CEO인 래리 보시디
는 "만약 당신이 빅 아이디어를 실행하지 않는다면, 그것들
은 무의미하다."라고 말했다. 이 두 사람의 표현은 곧 "전략
은 실행되지 않으면 퇴화된다."라는 피터 드러커의 말로 대
신할 수 있다. 피터 드러커와 그들이 말한 것에 대해 확실한
사실 한 가지는 바로 다음과 같다.

다양한 비즈니스에는 계획한 것과 실행하는 것 사이에 일반적인 연결 고리가 있어야 한다는 것이다. 즉 리더십과 실행력은 뇌와 손처럼 함께 움직이며, 꿈과 현실, 계획과 행동이 상호 작용하면서 새로운 에너지가 만들어진다는 것이다.

조직이 리더십에 의해 행동화로 연결되기를 바란다. 또한 조직은 리더에 의해 새로운 방향이 설정되며, 열정적으로 실행하는 조직을 희망한다. 리더는 어떻게 하면 최고의 조직이 될 수 있는지를 모색해야 한다. 튼튼하게 설계된 리더십은 튼튼하게 설계된 실행과 열정으로 이어진다. 기업은 하나로 연결된 거대한 집합체이기 때문에, 엉성한 전략으로 무기력한 리더십을 보일 때 조직은 나쁜 습관에 길들여진다.

이에 대해 진지하게 생각해 본다면 기업 내에서 행동이나 시스템, 그리고 자원을 최대로 활용하지 못하고 낭비하는 관행이 지속되어 생기는 병은 잘못된 건강 습관이 건강상의 문제를 가져오는 것과 마찬가지라는 것을 알게 될 것이다. 누군가는 이러한 타성을 제거할 수 있는 힘을 발휘해야만 한다. 타성으로 인해 수많은 사람들이 개선에만 초점을 맞추게 되고, 이로 인해 놀랄 만한 성과를 지속적으로 얻는 데 실패

하기 때문이다. 린과 같
은 수단에 투자가 이루
어지고 있음에도 불구하
고, 수단을 극대화하거
나 다른 수단들을 통합
하기 위한 구조에는 투
자가 이루어지지 않고
있다.

> "……최적화라는 잘못된 브루어스의 함정을 피하기 위해, 지속적으로 당신의 비즈니스 관리 능력을 개선해야 한다. 그러나 최적화를 위해서라는 이유로 가치 없는 비즈니스 프로세스를 추가함으로써 원래의 목표와 혼동해서는 안 된다."
>
> — 하워드 스미스Howard Smith,
> 피터 핑거Peter Fingar
> (비즈니스 프로세스 트렌드, 2004)

기업에서는 블랙벨트, 이벤트 촉진자, 트리즈 전문가, 위험 관리자 등을 훈련시키는 것과 더불어 통합적 우수성의 전문가와 실천가들을 훈련시켜야 한다. 이것은 기업이 진화하는 기술 수준을 따라가기 위해서 반드시 필요한 일이다. 리더는 직원들이 진화하는 세계를 향해 한 걸음씩 내디딜 수 있는 환경을 만들어야 한다.

따라서 우리는 기업이 기업 전체의 목표를 설정하고, 통합적 우수성을 실행하는 것이 현명하다고 생각한다. 기업이 6시그마와 같은 강력한 방법이나 린 시그마처럼 혼합된 방법을 실행할 때, 초기에는 그 힘이 타성을 제거하고 전체적 실행 구조를 변화시키기에 충분한 경우가 많다. 중요한 경영상의 개선은 다음 상품을 개발하기 위해 연구 개발에 압박을 가하게 되고, 전략을 구상하는 사람들에게는 더 나은 세상을 만드는 것에 대해 좀 더 현명하게 생각할 것을 강요하게 된다.

만약 성공적인 성과를 이끄는 모든 경영 수단들이 무엇보다도 중요한 모델에 한정된다면, 기업은 개입의 절차와 방향에 대해 더 잘 알게 될 것이다. 최초의 한 가지 움직임이 추진력을 얻고 영향력을 미치게 되면, 그 다음 움직임에 대한 계획이 수립되기 마련이다. 다룰 수 없는 문제가 발생하게 되면 한 가지 프로그램만으로 해결할 수 있는 영향력은 감소하기 때문이다. 6시그마를 이용해서 다루기 힘든 문제들을 해결해 왔지만, 전략적 계획을 만들고 수행하는 데에는 6시그마를 이용할 수 없다.

물론 성공적으로 회사를 경영한다는 것은 어떤 하나의 프로그램을 추진하는 것보다 더 큰 일이다. 지난 100년에 걸쳐 축적된 경영 관리론에는 전체론과 통합으로 향하는 거대한 움직임이 있었다. 그리고 이것은 진화의 절대적인 힘에 의해 계속될 것이다. 전략과 개선, 혁신의 영역들은 해당 영역의 방법들이 연결되고 혼합될 때, 그리고 시간이 지나면서 점진적으로 통합되어 갈 것이다.

트리즈가 중요한 이유는 기업의 창조적인 혁신을 가능하게 해주기 때문이다. 그리고 트리즈는 경영자가 불분명한 미래를 예측하고 내다 볼 수 있도록 도와준다. 트리즈는 합리적으로 구조적이고 역사적으로 증명된 아이디어를 창출하는 원동력이다. 또한 다른 전략적 수단들과 결합했을 때, 트리즈는 조직의 미래를 생각하고 계획하는 방식, 그리고 전략이 실행으로 연결되도록 한다.

통합적 우수성 모델은 비전의 핵심 원동력, 미션, 그리고 목표를 달성하기 위해 수행해야 하는 많은 방법들의 모순을 찾아내고 해결한다. 전략적 계획, 프로세스 관리, 6시그마, 린은 기존에 있는 것을 보다 더 좋게 개선하는 것들이다. 그러나 트리즈는 급속하게 진화되는 기술의 세계에서 새로운 것을 창조하는 기법이다.

혁신에서의 핵심은 그것을 더 구조적으로, 예측 가능하게, 평가 가능하게, 그리고 관리 가능하게 만드는 것에 있다. 일단, 지속적인 개선 작업은 소수의 비전을 가진 사람들에 의해 수립되고 추진된다. 오늘날, 개선의 흐름은 모든 사람이 같은 방식으로 일하도록 강요하고 있다. 오늘날 당신은 비즈니스 환경을 끊임없이 혁신해야 하는 상황에 놓여 있다. 지금 당신이 속한 회사에서 개선을 필요로 한다면 6시그마가 유용하겠지만, 혁신을 필요로 한다면 트리즈가 더 유용한 혁신 기법이다.

뛰어난 성과의 달성

개선의 리더십	혁신의 리더십
기능별로 분리된 개선과 성과	통합적 우수성 체제 구축과 그로 인한 성과
더 좋은 것, 더 빠른 것, 더 값싼 것을 추구하는 전략(선택적 사고)	더 좋으면서 더 싸면서 더 빠른 것(통합적 사고)
그 날 그 날의 방법	비즈니스의 통합 이론
회사 내의 힘의 분산(기업 브라운 운동)	전략적으로, 전술적으로 정리된 힘을 창출
고객의 요구에 의한 개선	사회적 요구에 의한 혁신
혁신에 임시적인 대응	새로운 요구를 수용한 진화
불투명한 미래	계획적으로 혁신을 실행

창의적 혁신을 위한 행동 원칙

- 조직의 리더십 수준에서 전체적 업무 수행의 통합적 우수성 모델을 제도화하라.
- 개선과 혁신의 독창력으로 초점을 맞춰라. 개별적으로 또는 통합적으로 관리 구조를 통해 진행하고, 계획하고, 관리하라.
- 프로세스를 제도화하라. 스스로 혁신하는 조직의 욕구에 근거하여 추진하라.
- 자원들이 추진력을 가지고 극대화 될 수 있는 문화를 만들어라.
- 충족되지 않은 사회적 요구는 제품과 프로세스의 발전에 기여한다.
- 시스템적인 혁신을 통해 공동의 목표와 작은 시스템들을 한 방향으로 정렬시켜라.
- 필요로 하는 모든 경쟁력을 비즈니스 모델로 연결시켜서 모든 사람의 생각이 시장의 지지를 얻을 수 있게 하라.

6시그마는 혁신이 아니다

혁신 스트레스

역자는 2005년에 〈굿바이 잭웰치〉라는 제목의 저서를 출간한 적이 있다. 그 당시만 해도 거의 모든 기업이 잭 웰치를 경영의 신神으로 추앙하던 때여서 다소 충격적인 제목의 책이었다. 역자는 그 책의 저자로서 여러 기업의 초청을 받아 강의할 수 있는 기회를 갖기도 했다.

어느 기업의 강연장에서 강의가 끝나자, 한 사람이 내게 이런 질문을 했다.

"굿바이 6시그마를 책으로 써 주시면 안 되나요?"

순간 강의실에서 박수가 터져 나온다.

역자는 그들의 반응을 통해서 다음과 같은 의문이 들었다.

'6시그마로 인해서 얼마나 혁신 스트레스를 받았으면 저런 이야기가 나올까?' 그리고 '이렇게 직원들이 싫어하는 6시그마를 적극적으로 추진한 기업들이 과연 어떤 성과를 거두었는가?'

10여 년 전부터 우리나라에도 6시그마가 도입되어 기업은 물론 공공기관에 이르기까지 엄청난 투자와 함께 추진되었다. 하지만 그들에게 우리나라의 경쟁력이 얼마나 올랐는지를 물어보면, 어떤 대답이 나올지 궁금해진다.

6시그마를 추진하는 기업을 보면 거액을 들여서 컨설팅을 받고, 엄청난 시간을 투자해서 전 사원을 교육시키고, 수백 명의 블랙벨트를 양성했다. 그리고 회사 내의 모든 일을 6시그마 방식으로 처리한다. 품질 관리 업무뿐만 아니라 모든 관리 업무에 적용되고, 기술 개발과 마케팅 할 것 없이 6시그마의 규격에 맞추어 획일화된 숫자로 관리된다.

　디자이너도 통계 교육을 받고 자신의 일을 계수화하고, 개선 효과를 제시해야 업적을 인정받을 수 있다. 일부 기업에서는 6시그마를 최고의 혁신 기법으로 받아들인 후, 경영 혁신 팀에서 6시그마를 전담하여 추진한다. 6시그마는 품질을 개선하기 위한 프로세스 개선 기법이지 혁신 기법은 아니다. 혁신과 개선은 다르다. 개선은 기존의 것을 조금 더 향상시키는 것이지만, 혁신은 없는 것을 만들어 낼 수 있는 것이다.

　그럼에도 불구하고 6시그마를 혁신으로 인식한다면, 진정한 혁신 프로그램은 생각하지도 않을 것이다. 이제 우리도 6시그마의 효과에 대해서 다시 한 번 생각해 볼 때가 된 것 같다. 미국의 어느 조사에 의하면, ‘6시그마를 추진하고 있는 기업 중의 절반 정도는 3년 내에 6시그마를 포기할 것’이라고 한다.

6시그마를 채택한 기업에 왜 6시그마를 추진하고 있느냐고 물어보면, 지금까지 존재하는 혁신 기법 중에서 6시그마보다 뛰어난 것이 없다고 한다. 개선 프로그램이라면 그 말이 맞는 이야기일지 모른다. 그러나 혁신 기법에 관해서라면 창조적인 혁신 기법으로서 트리즈TRIZ라는 대안도 있다.

그러나 트리즈가 최고의 창조적 혁신 기법이라는 것을 인정하는 사람도 선뜻 혁신 기법으로 채택하지 못하는 이유는 트리즈가 어렵고, 실행 프로세스가 정립되어 있지 못했기 때문이다. 트리즈가 가지고 있는 이러한 문제점을 해결한 사람들이 바로 이 책의 저자들이다. 이 책은 브레이크 스루Breakthrough 경영 연구소의 데이비드 실버스타인 사장과 컨설턴트들이 썼다.

트리즈를 혁신 기법으로 정립하다

모토롤라의 품질 관리 책임자였던 마이클 해리는 품질 관리 기법에 프로세스 개선과 과제 관리 기법을 추가하여 6시그마의 DMAIC 프로세스를 만들었다. 이 책의 저자들도 신기술 개발 기법으로 이용되던 트리즈에 프로세스를 정립하고 과제 관리 기법을 추가함으로써 트리즈를 혁신 기법으로 만들었다.

그들은 모순 해결법을 전술적 트리즈로 정의하고 비즈니스 문제를 해결하는 DMASI 프로세스를 만들었고, 진화 법칙을 발전시켜서 전략적 트리즈의 DMAPI 프로세스를 만들었다. 이 책에서 재미있는 몇 가지 사실을 발견할 수 있다. 먼저 눈에 띠는 것은 6시그마의 창안자인 마이클 해리 박사가 이 책의 추천사를 썼다는 점이다. 이 책의 저자들이 6시 그마 컨설턴트 출신이라는 점에서 마이클 해리와 인연이 있었다는 점이 이유이겠지만, 미국에서는 6시그마와 트리즈를 모두 인정하는 다양성이 있는 것도 이유가 되었을 것이다.

다음으로 흥미로운 점은 이 책에서 서남표 박사의 이름이 데밍 못지않게 자주 눈에 띄는 것이다. 현재 카이스트 총장인 서남표 박사가 MIT 대학 교수로 재직할 때 발표한 공리 설계 이론이 세계적으로 인정받고 있다는 것을 이 책을 통해 알 수 있다. 또한 이 책에는 트리즈를 활용하고 있는 기업으로 삼성전자가 소개되고 있다. 이처럼 트리즈에 관한 한 우리나라가 강국이라는 점을 느낄 수도 있다.

6시그마는 행진곡, 트리즈는 재즈

그럼 6시그마와 트리즈는 어떤 차이가 있을까? 6시그마는 정해진 일을 효율적으로 처리하기에는 좋은 장점을 가지고 있다. 획일화된 방법을 통해서 모든 것을 수치화하여 내부 관리를 할 수 있다. 반면 트리즈는 불확실한 일과 모순이 발생하는 문제를 찾아서 해결하는 데에 적합한 방법론이다. 따라서 트리즈는 문제의 본질을 찾아서 창조적인 방법으로 문제를 해결하고, 최고 수준의 아이디어를 만들어 낼 수 있다.

마치 음악으로 비유하면 6그마는 군악대와 같고, 트리즈는 재즈와 같다고 할 수 있다. 6시그마는 완벽하게 구성된 군악대의 행진곡에 맞추어 틀에 박힌 자세로 행진하는 군대의 모습에 비유할 수 있다. 반면에 트리즈는 작은 팀의 뮤지

선들이 멜로디와 박자만 정해 놓은 상태에서 즉흥적이고 창조적으로 연주하는 재즈 앙상블과 비슷하다.

확실하게 정해진 일들을 낭비 요소 없이 효율적으로 처리할 때는 6시그마가 효과적이지만, 새로운 일과 창조성을 요하는 일에서는 효과가 떨어진다. 오히려 자율성을 저하시키고, 모든 일을 지나치게 계수화하여 평가하기 때문에 위험 부담이 있는 새로운 일을 기피하는 부작용을 낳기도 한다.

6시그마에는 이러한 장단점이 있기 때문에 6시그마가 적합한 기업도 있고, 그렇지 않은 기업도 있는 것이다. 기업 내에서도 생산이나 관리적인 업무에는 적합하지만, 불확실성에 도전해야 하는 업무에는 적합하지 않다. 따라서 6시그마는 만병통치약이 아니므로, 상황에 따라 선택적으로 적용해야 효과가 나타날 수 있다.

아직 기본적인 업무 프로세스가 정립되어 있지 않았을 때는 6시그마의 효과를 기대할 수 있지만, 어느 정도 개선이 이루어져서 또다시 혁신이 요구되는 상황에서도 계속적으로 6시그마에만 집착하면 혁신의 시기를 놓치게 될 수 있다.

문제는 지금 우리 기업에게 개선이 요구되는 때인가, 혁신이 요구되는 때인가 하는 점이다. 극단적으로 6시그마가 더 좋은가, 트리즈가 더 좋은가 하는 식의 논의는 적절치 않다. 상대적으로 개선이 필요한 기업은 6시그마가 좋은 것이고, 혁신이 필요한 기업은 트리즈가 좋을 수 있다. 혁신이 필요한 기업인데 6시그마만을 계속하고 있다면, 개선과 혁신을 순환적으로 연결해야 한다는 의미에서 이 책 〈굿바이 6시그마〉를 권유한다.

ENDNOTE

1 부

1. 피터 드러커, 〈미래 경영〉(plum, 1992), p. 281

2. 〈혁신 2005〉, CEO 설문 조사, 보스턴 컨설팅 그룹, 2005

3. 제임스 힐리 R., '어큐라가 키보시를 버리고, NSX를 선택하다', 〈유에스에이 투데이〉, www.usatoday.com/money/autos/2005-07-12-nsx-usat_x.htm.

4. 'CNBC 뉴스', 2005. 1. 28.

5. 안 포메로이(Ann Pomeroy)의 〈혁신을 요리하는 것; Cooking up-Innovation〉에서 인용, 'HR 매거진', 2004. 11. p. 46

6. 위의 책, p. 46

7. 벤 맥나나한, 〈CFO 유럽〉, CFO.com, 2004. 12. 10.

8. 질 로즈의 〈혁신의 과학; The Science of Innovation〉에서 인용, '아메리칸 이그제큐티브(American Executive)', 2005. 7, p. 7

9. 위의 책, p. 7

10. 위의 책, p. 7

11. 리차드 마호니 쥬니어와 조셉 맥큐, 〈지난 30년 동안의 경영 전략과 경영의 '빅 아이디어들'을 통해 얻은 지식; 그들은 변덕쟁이들인가, 방조자들인가?〉 'CEO 전집', 미국 기업 연구센터, 워싱턴 대학, 1999. 1.

12. 여기서는 요점만을 확인하기 위해 개략적으로 요약한 것이므로, 독자들의 주의가 필요하다. 린(Lean)의 역사에는 우리가 언급한 것보다 훨씬 많은 획기적인 사건들과 개발이 있다.

13. 겐리히 알츠슐러, 〈정확한 과학으로서의 창조성〉(뉴욕, 고든 앤 브리치, 1988)

14. 클레이튼 크리스텐슨과 스캇 안토니, 〈혁신 핸드북: 분열하는 성장에 대한 안내서〉(하버드 경영 대학원 출판부, 2004), p. 15

15. 에릭 만킨, '확실한 승자를 구별할 수 있는가?', 〈혁신 핸드북: 분열하는 성장에 대한 안내서〉(하버드 경영 대학원 출판부, 2004), p. 4

16. 클레이튼 크리스텐슨과 스캇 안토니, 〈혁신 핸드북: 분열하는 성장에 대한 안내서〉(하버드 경영 대학원 출판부, 2004), p. 45

2 부

17. 로렌 게리, '브랜드 확장(Broadening the Brand)', 〈혁신 핸드북: 분열하는 성장에 대한 안내서〉(하버드 경영 대학원 출판부, 2004), p. 19

18. 위의 책, p. 19

19. 위의 책, p. 19

20. 위의 책, p. 19

21. CMP 미디어 LLC, '옵티마이즈', 전략적 혁신 부분, 2003. 7. 1. p. 71

22. 글로벌 뉴스 와이어, '인디아 이코노믹 타임즈', 코울맨(Coleman) 주식회사, 2003. 4. 21.

23. 혁신과는 동떨어진 분야에서 연구되고 있었던 이 아이디어는 많은 이론가들과 혁신가들이 발전시켰다. 이와 관련해서 최고의 인기를 누렸던 경우는 헨리 체스브로(Henry Chesbrough)의 강연이었다. 그의 '열린 혁신(Open innovation)'이라는 개념은 알츠슐러의 생각과 완벽하게 일치하는 것이었다. '열린 혁신(2003)'에서 그는 이렇게 말했다. "가능성은 높다. 왜냐하면 다른 산업 분야에서 다른 리더들이 당신이 갖고 있었던 문제를 이미 해결한 사례들이 있기 때문이다."

24. 지오반니 가베티와 잔 리브킨, '전략가들이 실제로 생각하는 방법: 유사성의 힘을 발견하는 것', 하버드 비즈니스 리뷰(Harvard Business Review),

2005. 4. p. 54

25. 물리적인 것과 기술적인 것에 더불어, 어떤 모순은 본질적으로 '관료적인 성격' 때문이다. 그리고 그것은 그들이 기본적으로 기간, 비용, 집행과 같은 전형적인 관념에 얽매여 있다는 것을 의미한다. 이러한 유형의 모순들을 풀기 위한 방법들은 너무 많기 때문에 트리즈의 수단으로는 설명되지 않는다.

26. 물질-분야 모델링은 또한 물리적인 모순을 해결하기 위해 사용된다.

27. 네 가지 단계의 알고리즘은 다음과 같은 수학식으로 표현될 수 있다.

구체적인 문제 : $ax^2 + bx + c = 0$;

일반적인 문제 : $3x^2 + 5x + 2 = 0$;

일반적인 해결 : $x = 1/2 \left[-b -.+\sqrt{(b^2 - 4ac)} \right]$;

구체적인 해결 : $x = -1, -2/3$

28. 온트로(Ontro)의 자가 열 발생 음료 컨테이너에 대한 더 많은 기술적인 연구는 'www.TRIZjournal.com.'에서 찾아 볼 수 있다.

3 부

29. 6시그마의 창시자인 마이클 해리와의 인터뷰에서 인용.

30. 일부 트리즈 이론가들과 실천가들은 14가지의 창의적인 원리를 주장했지만, 우리는 8가지의 진화 패턴을 선호한다. 왜냐하면 이 패턴은 단순하면서도 14가지의 전체 범위를 구체화할 수 있기 때문이다.

31. 이와 동일한 아이디어는 구체화 되었고, 제약 요소 이론(Theory of Constraints)에 의해 확장되었다. 그리고 알츠슐러가 이 이론의 세 번째 이론을 정의한 이후, 엘리 골드랫(Eli Goldratt)에 의해 발전되었다. 강제성이

론은 기본적으로 모든 시스템이 (이 이론이 많은 문제점을 안고 있고, 제한 요소가 존재함에도 불구하고) 시스템의 진화를 예방하는 하나의 강제적인 힘을 가지고 있다는 것이다. 이러한 강제성에 대한 결점을 성공적으로 보완하고 해결해야만, 다음 과제인 강제성의 문제를 해결할 수 있다.

32. 콕스 박사의 〈품질과 신뢰성: 최근의 연구개발과 역사적인 전망〉에 대한 부연 설명. 〈경영 리서치 소사이어티 저널(Journal of the operational Research Society)〉의 v41n2, 1990. 2. 9, p. 5

33. 위의 책, p. 5

34. 교배(혼합)에 대한 논의는 트리즈의 진화 패턴 중 다섯 번째의 연장이다. 복합성을 증가시킨 뒤 단순화(감소)시켰다.

35. 6시그마에 대한 일상적인 오해는 특성화 단계에서가 아닌 생산 단계에서 불량률이 1백만 개 당 3.4개 이하라고 생각하는 것이다. 우리가 이 점을 이해하면 왜 6시그마에 의한 품질이 꼭 달성되는지 이해할 수 있게 된다. 특성화 단계에서 결함이 발생할 가능성이 있을 때, 복잡한 가치 사슬에서 수천 가지의 특성이 배로 늘어나고, 자동차를 만들 때처럼 가치 사슬의 마지막에서 결함이 발생할 확률은 급격하게 증가한다. 꼭 이런 상황까지 치닫지 않는다 하더라도 사슬의 어느 단계에서보다 결함 확률이 극적으로 높아진다.

4 부

36. 댄 발렌티노, '트랜스포메이션', 1993. 가을호, p. 29

37. 찰스 오렐리 3세, 마이클 L. 투쉬만, '양손잡이 조직', 〈하버드 비즈니스 리뷰〉, 2004.